山の楽しみ方から おすすめコースまで

中高年のやさしい山歩き

白馬山案内人組合
石田弘行

北アルプス・白馬岳（長野県）の大雪渓を登る登山者

春の山

鹿児島県の開聞岳

雄大で爽快な山容

山は四季折々の表情で登山者をむかえてくれます。

秋の山

北アルプス・立山の紅葉

夏の山

北アルプス・
後立山連峰より
剣岳を望む

北アルプス・北穂高岳から槍ヶ岳を望む

大自然のつきない

マナーを守り、自分にあった
楽しい山歩きをしましょう。

朝、爽やかな空気を吸って
山小屋を出発

北アルプス・爺ヶ岳山頂で記念撮影

山小屋で休憩・腹ごしらえ

雪渓を慎重に横切る

ライチョウも出むかえて
くれました

空・岩・花・水
魅力は

登山者や観光客でにぎわう北アルプス・上高地

可憐な高山植物が心を和ませてくれる

高山植物を楽しみながらの山行

アオノツガザクラ
（木丈 10 ～ 15 ㎝ぐらい。7～８月に咲く）

クルマユリ
（草丈 30 ～ 70 ㎝ぐらい。7～8月に咲く）

ウサギギク
(草丈 20 ～ 30 ㎝ぐらい。
7～ 8 月に咲く)
コバイケソウ
(草丈 50 ㎝～ 100 ㎝ぐらい。
6～ 8 月に咲く)
ハクサンイチゲ
(草丈 15 ～ 40 ㎝ぐらい。
6～ 8 月に咲く)
コマクサ
(草丈 10 ～ 15 ㎝ぐらい。
7～ 8 月に咲く)
シナノキンバイ
(草丈 20 ～ 60 ㎝ぐらい。
7～ 8 月に咲く)
オオバキスミレ
(草丈 15～ 30 ㎝ぐらい。
6 ～ 7 月に咲く)

登山用具は目的の山に合わせて選ぶ

はじめに

普段の生活の中で、ふっと故郷の山や海を思い浮かべることがありませんか？

ひとは誰しも心の奥に、自然への思いが息づいているのではないでしょうか。

自然とのふれあいや、山に向きあうことは、自分自身との対話だと思います。

何か理屈があってというより、自然とそうなるのだと感じます。

私の〝山人生〟は、高校の山岳部に入部したことで始まりました。先生、先輩、同期、後輩……、かけがえのない生涯の山の仲間との出会いがあり、山のイロハを教わりました。私にとって、このような時期があったことをとても幸運に思っています。

今は、好きで住み着いた白馬の、山案内人（やまあんないにん）として、山歩きを続けていますが、近年の中高年登山者の多さには目を見張るものがあります。気になる登山者も目につきます。

山の安全は「何となく何事もなくすんだ」のと「用意周到ゆえに何事もなかった」のでは〝無事〟の意味が違います。

本書はこれから山歩きを始めようとする人たちのために、安全登山を意識した「用意周到」の意味や姿勢を私流にまとめたものです。まだまだ不足のところも多く、ほんのさわりを述べたにすぎません。

山の本質、山の深さ、素晴らしさを、ご自分で体験していただくためのワンステップとしてご活用くだされば幸いです。

本書の出版にあたり、橋森紀夫氏には編集作業と適切なアドバイスを、加藤庸二氏には写真の提供と写真撮影の項の執筆を、角愼作氏にはわかりやすいイラストを描いていただきました。

心から感謝をいたします。

石田　弘行

CONTENTS

中高年のやさしい山歩き

●もくじ●

●口絵
雄大で爽快な山容
空・岩・花・水　大自然の魅力はつきない
可憐な高山植物が心を和ませてくれる
登山用具は目的の山に合わせて選ぶ

CONTENTS

●第6章の「山歩きおすすめコース」につきましては、概略の記載です。その後に状況の変化もありますので計画に際しては、所轄市役所・町村役場観光課などに再度ご確認ください。

編集●ビー アンド エス
カバーレイアウト●スタジオキューズ
カバーイラスト●佐藤敏己
本文レイアウト●鶴岡信治
本文イラスト●角慎作
写真●加藤庸二／オアシス／毎日新聞社
地図作成●地主南雲デザイン事務所

第1章 山の魅力・山への誘い

日本の山とその特性

低山から高山まで我が国にはたくさんの山があります。そして、その一つ一つに特性があり、「山歩き」の歴史があります。さあ、山を知ることから第一歩です。

日本の山 主な山脈と山系

山国といわれる我が国日本には、北海道の利尻山《りしりざん》から九州屋久島の宮《みや》之《の》浦岳《うらだけ》まで、山あり峠あり、そしてそれこそ全国津々浦々に至るまで名山がひしめいています。

「コンサイス日本山名辞典」(三省堂刊）に収録されている山・峠名は何と一万三千にも及びます。

そして、それぞれの山や峠に歴史があり、人間との深いかかわりがあります。

日本の登山の歴史は中世ごろから山岳宗教とともにさかんになりましたが、山登りがいわゆる「登山」として本格化してきたのは、明治以後からで、中部山岳地帯に〝日本アルプス〟という呼称が付されてから顕著になってきたといえます。それでは、日本の地域別の主な山、そして山脈と山系をあげてみましょう。

・北海道……利尻山、大雪山、石狩山地、日高山脈、十勝・阿寒・知床の山

・東　北……八甲田山、八幡平、秋田駒ヶ岳、北上高地(早池峰山)、岩手山、鳥海山、出羽三山、蔵王山、飯豊連《いいでれん》峰《ぽう》、朝日連峰、磐梯山

・北関東……那須・日光・尾瀬の山

・関　東……奥秩父・奥多摩・奥武蔵・丹沢の山

・富士山……富士山

・上信越……谷川岳、越後三山、浅間山、志賀・妙高・戸隠・八ヶ岳

・南アルプス……赤石山脈、北岳

・北アルプス……飛騨山脈、立山、白馬岳、穂高岳

・中央アルプス…木曽山脈、木曽駒ヶ岳

・加　越……白山

・近　畿……鈴鹿山地、大台ガ原、伊吹山、比良山地、六甲山

・中国山地……氷ノ山、大山、三

瓶山
・四国山地……石鎚連峰《いしづちれんぽう》、剣山
・九　州……九重山、阿蘇山、霧島山、宮之浦岳

このように日本は南北に長く、四季が明瞭な国だけに、四季折々に山は変化しその美しさを見せてくれます。新緑、紅葉、冠雪など山には魅力がいっぱいです。

四季により山の様相が一変するので注意！

日本の山の特性は、このような季節の変化の美しさもさることながら、四季によりまったくその様相を一変させてしまうこともその特徴です。

無雪期には道も手入れされ、指導標の整備された歩きやすいコースでも、積雪期になるとたんに技術、装備、経験が要求される場に変化します。そして、晩秋、初冬になると突然山は、様相を一変させてしまうのです。この季節はとくに注意が必要です。

安全で楽しくなければ、意味がない

また、容易に高山まで到達でき ようにコースが整備されている山が多いので、天候の急変に対応できずに事故につながるケースも後をたちません。

気象の変化は事前に注意していればある程度予測できます。最近の気象予報は、精度が高いので積極的に利用しましょう。

また、山靴・ザック・雨具など装備の改良も目覚ましいものがあります。食料も軽便で効率的で味のよいものが豊富に出ています。トレーニングや健康管理も科学的になり、山に関する情報もたくさんあります。

このように確かに山は登りやすくなりましたが、山の本質に変わりはありません。言い古されていますが『山を甘く見るな』の一言を忘れないでほしいと思います。

余裕をもって、その人に合った山歩きであれば危険は避けられるはずです。安全で楽しい山歩きでなければ『山歩き』そのものの意味がありません。

日本の主要山岳一覧

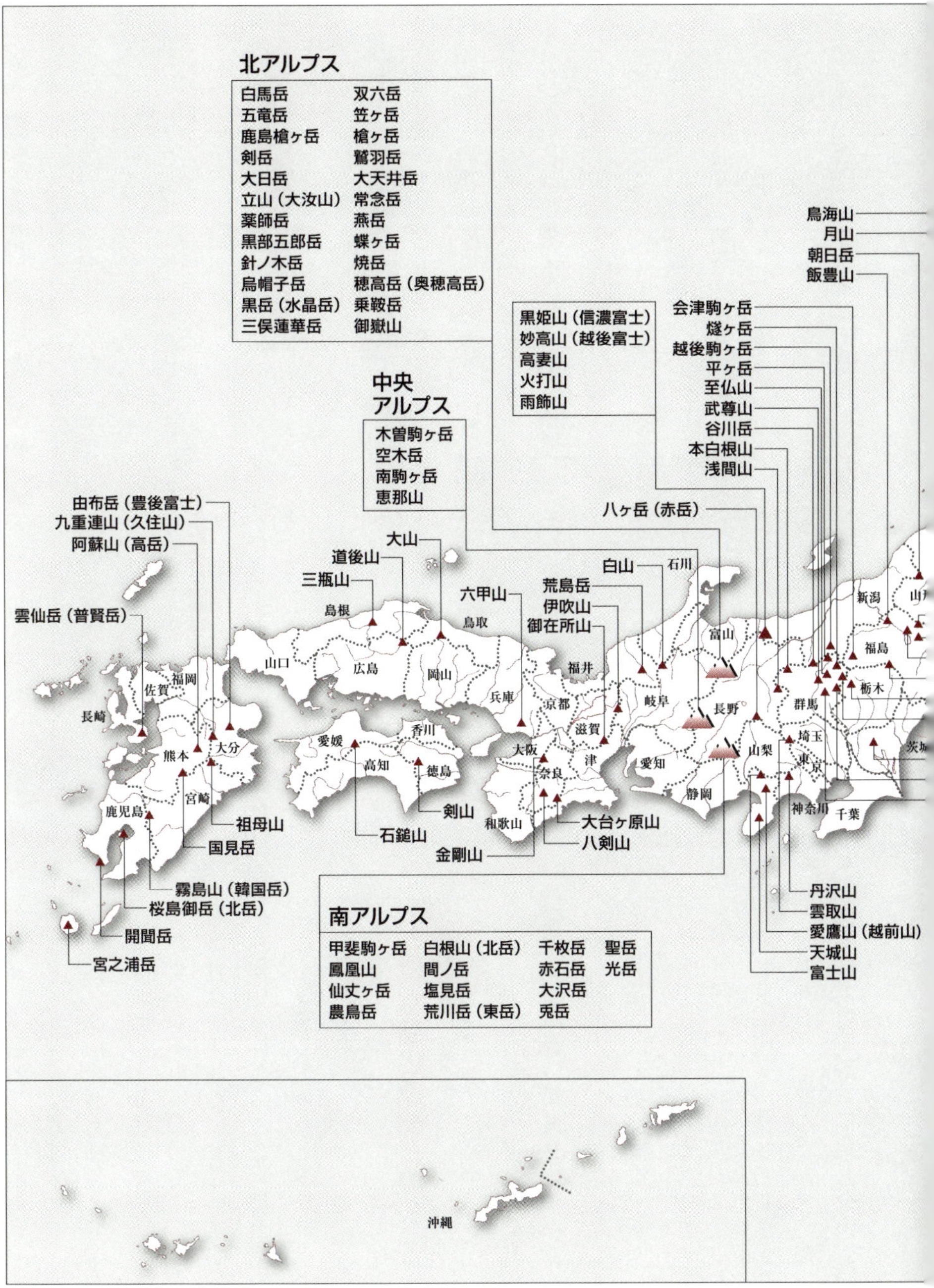
北アルプス
白馬岳
五竜岳
鹿島槍ヶ岳
剣岳
大日岳
立山（大汝山）
薬師岳
黒部五郎岳
針ノ木岳
烏帽子岳
黒岳（水晶岳）
三俣蓮華岳
双六岳
笠ヶ岳
槍ヶ岳
鷲羽岳
大天井岳
常念岳
燕岳
蝶ヶ岳
焼岳
穂高岳（奥穂高岳）
乗鞍岳
御嶽山
中央アルプス
木曽駒ヶ岳
空木岳
南駒ヶ岳
恵那山
黒姫山（信濃富士）
妙高山（越後富士）
高妻山
火打山
雨飾山
鳥海山
月山
朝日岳
飯豊山
会津駒ヶ岳
燧ヶ岳
越後駒ヶ岳
平ヶ岳
至仏山
武尊山
谷川岳
本白根山
浅間山
八ヶ岳（赤岳）
由布岳（豊後富士）
九重連山（久住山）
阿蘇山（高岳）
雲仙岳（普賢岳）
大山
道後山
三瓶山
六甲山
白山
荒島岳
伊吹山
御在所山
石川
島根
鳥取
富山
山口
広島
岡山
兵庫
京都
福井
岐阜
長野
群馬
新潟
福島
栃木
佐賀
福岡
長崎
熊本
大分
宮崎
鹿児島
愛媛
香川
高知
徳島
大阪
奈良
滋賀
津
愛知
静岡
山梨
埼玉
東京
神奈川
千葉
茨城
和歌山
祖母山
国見岳
霧島山（韓国岳）
桜島御岳（北岳）
開聞岳
宮之浦岳
石鎚山
剣山
金剛山
大台ヶ原山
八剣山
丹沢山
雲取山
愛鷹山（越前山）
天城山
富士山
南アルプス
甲斐駒ヶ岳
鳳凰山
仙丈ヶ岳
農鳥岳
白根山（北岳）
間ノ岳
塩見岳
荒川岳（東岳）
千枚岳
赤石岳
大沢岳
兎岳
聖岳
光岳
沖縄

山と自然の営み

厳しい自然の摂理に耐えて、可憐な姿をみせてくれる高山植物。登山者の気持ちを和ませてくれるライチョウ。山には、大自然には、新鮮な出合いがあります。

かわいい動物たちとの出合い

山歩きの楽しみの一つに、山そのものの美しさとの出合いのほかに動植物との出合いもあります。

なかでも日本の天然記念物に指定されているライチョウやニホンカモシカとの出合いなどは本当に感動的なものです。

ニホンカモシカは標高千五百メートルから二千五百メートルの高山に生息し、外敵から身を守るために急峻な岩場などにいるので、なかなか出合うチャンスはありませんが、ライチョウはよくみかけます。

ライチョウは二千五百メートル以上の高山に生息し羽の色が変化する「保護色」の鳥として有名です。その華麗なる変身は登山者をアッと驚かせてくれます。

▲ライチョウ

また、高山帯から山麓まで広く分布するオコジョも愛敬があってなかなかかわいいものです。このオコジョは好奇心がとても強く人をあまり恐れないので、登山道の左右を注意しているとみかけることがあります。

可憐な高山植物との出合い

山でのもう一つの楽しみに高山植物との出合いがあります。多くの高山植物が群生しているところを「お花畑」とよびます。

お花畑で有名なのは、北アルプスでは白馬岳《しろうまだけ》、中央アルプスの木《き》曽駒《そこま》ケ《が》岳《たけ》、南アルプスの荒川岳《あらかわだけ》などがあります。また、ミズバショウで有名な尾瀬沼《おぜぬま》周辺も登山者の目を楽しませてくれます。

本州中部を標準にして山の植物を垂直分布で見ますと、標高二千五百メートル以上を高山帯、二千五百メートルから千五百メートルまでを亜高山帯、千五百メートル以下を低山帯として分類しています。しかし、地形、土壌などの環境条件によって分布域に変化が見られることもまれではありません。

▲アオノツガザクラ

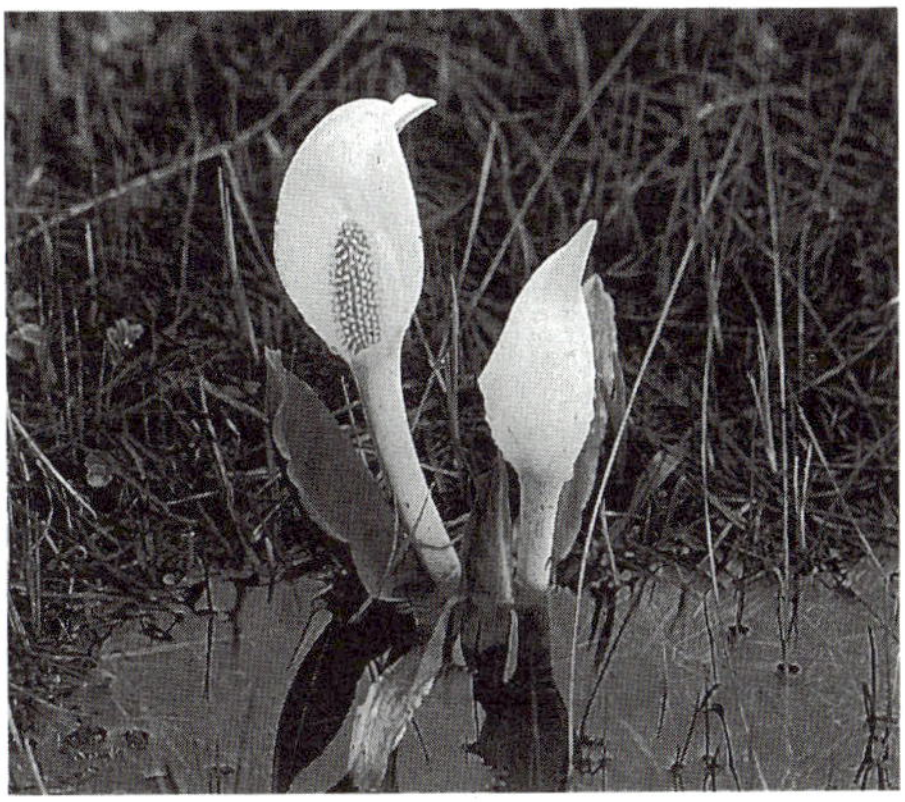

▲ミズバショウ

本来、高山植物は高山帯の高さ以上に生育する植物を指しますが、二千メートル前後でお花畑が見られることもあります。

高山帯(ハイマツ帯)では、高山植物の女王といわれるコマクサをはじめ、ツガザクラ、チングルマ、タカネウスユキソウ、クロユリ、ミヤマキンバイ、コイワカガミなどに代表され、亜高山帯（針葉樹林帯、オオシラビソ、ダケカンバ、ブナ）では、オオサクラソウ、サンカヨウ、ミズバショウなどが見られ、低山帯(カシ、ナラ)では、野草の女王カタクリの開花が春の訪れを告げます。

山の湿原、ことに高層湿原は景観的にも魅力ある存在です。

★　★

このように山は標高などによって動植物個々の生活域も異なり、さまざまな出合いが山の楽しみを倍加させてくれます。

しかし、我々を楽しませてくれる『山』も、山の動植物にとっての『山』はかけがえのない生活の場です。私たちが山に入るということは、その生活の場を脅かしていることにほかなりません。自然とその営みに対しては謙虚な姿勢で接したいものです。

山の地形と名称

山の「名前」をなにげなく読んでいませんか? 山の名前にはいろいろな意味があります。また、山の自然現象から人間はたくさんの生活の知恵を学んでいます。

山の名前は山岳宗教にも関係がある

山の地形は、長い間の地殻の活動(隆起や浸食作用・火山活動)によって、形成されてきました。山の形もいろいろです。旧火山といわれ、昔は火山だった山もあります。山歩きは、山の形から山の歴史を知り、山の地理を知るという楽しみもあります。

山里特有の生活文化・民俗は時代の流れとともに変化し薄れてしまいましたが、山里には山を生活の場としている、あるいは名残を感じさせる懐かしい雰囲気が漂っています。

山名、地名の由来や山里の生活に思いを巡らせることなども楽しいことです。

★　★

前述しましたように日本は古くから山岳宗教が盛んだった関係から、山の名前も宗教にちなんだ名が多くあります。

北アルプスの立山連峰の薬師岳《やくしだけ》は薬師如来を、大日岳《だいにちだけ》は大日如来を祀ったところからその名がついています。全国にある「薬師」や「大日」の名がつく山も同様です。

また、八ケ岳《やつがだけ》の権現岳《ごんげんだけ》の「権現」をはじめ全国の「阿弥陀」「観音」「地蔵」「明神」「不動」「天狗」などの名がつく山も山岳宗教に関係があります。

山の形から名前がついた山もあります。槍の先のように尖った山の意味から「槍ケ岳《やりがたけ》」、茶臼の形に似ていることから「茶臼岳《ちゃうすだけ》」、馬の背に鞍をおいたよう形なので「乗《のり》鞍岳《くらだけ》」がそうです。

また、人の名前のようですがそうではなくて、山の特徴から名前がついた山もあります。北アルプスの「野口五郎岳《のぐちごろうだけ》」や「黒部五郎岳《くろべごろうだけ》」などです。『五郎』は《ゴーロ》といって、岩場で石がゴロゴロしている状態をいい、野口や黒部はその土地の名です。

また、完全に人の名前からとった地名もあります。北アルプスの平蔵谷《へいぞうだに》、長次郎谷《ちょうじろうだに》はそれぞれ佐伯《さえき》平蔵《へいぞう》、宇治長次郎《うじちょうじろう》といった山の名ガイドから、喜作新道《きさくしんどう》、重太郎新《じゅうたろうしん》道《どう》はそれぞれ小林喜作《こばやしきさく》、今田重太《いまだじゅうた》郎《ろう》という登山道を切り開いた人の名前をとっています。

人間や動物の姿が現われる「雪形」

日本列島は南北に長く、四季の変化がはっきりしていますが、昔の人は山の雪の解け方で暖気の到来を予想したという生活の知恵もあります。

これは、「雪形」といわれるもので、春先の山肌に雪と無雪部分が織り成す紋様状で、さまざまな物の形に見えます。

雪形には残雪そのものが何かの形に見えるものと、残雪に囲まれた無雪部分が何かの形に見えるものとの二通りがあります。

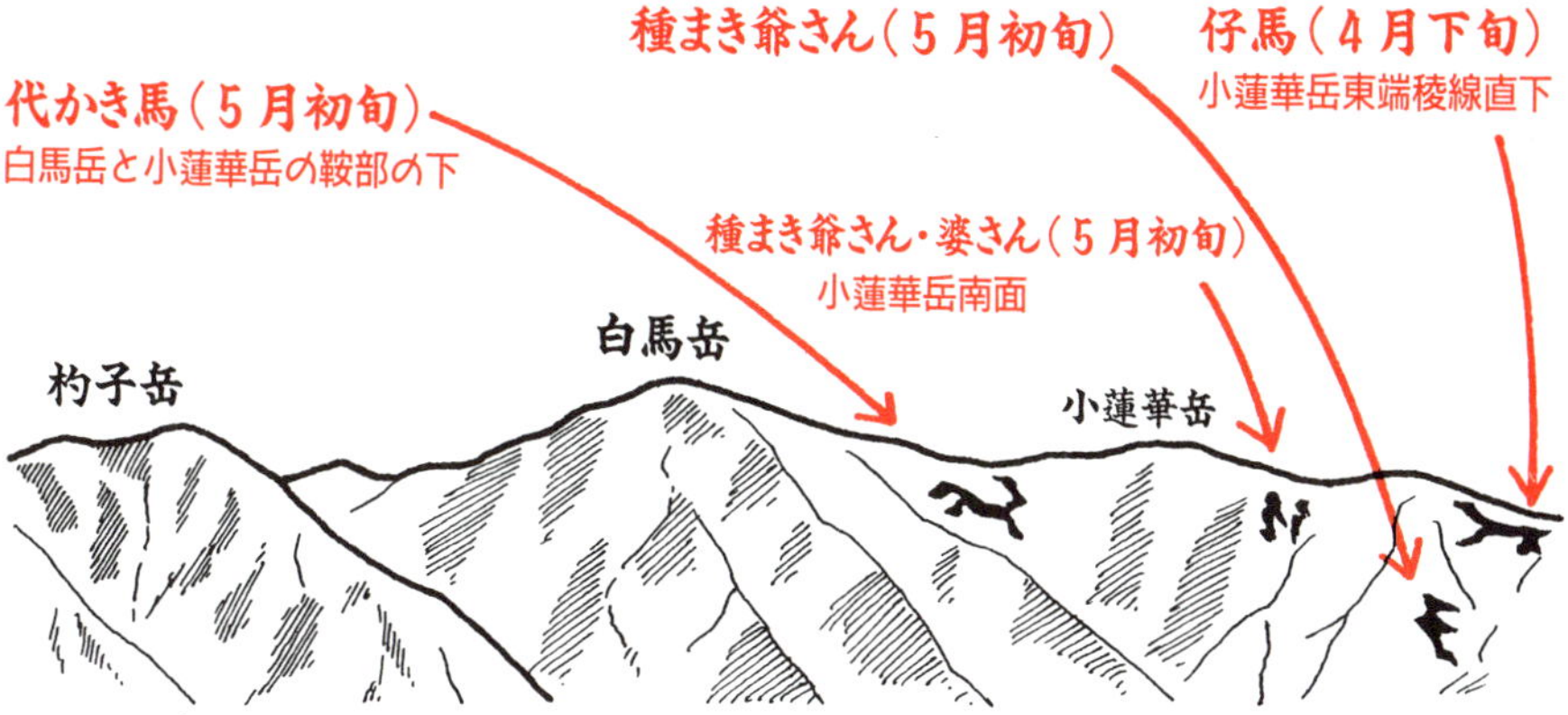

▲北アルプス・白馬岳の雪形

白馬岳では前者の例として「ニワトリ」、後者の例として「代かき馬」があり、特に「代かき馬」は苗代時にはっきり見られることから「白馬岳《しろうまだけ》」の山名の起源にもなっていることで有名です。

このほかにも、「雪形」で有名なのは、北アルプス後立山連峰の「爺《じい》ガ岳《がだけ》」です。八十八夜のころになると笊を持って種をまく人の形が山肌に現れるので、山麓の人はこれを「種蒔爺」と呼んで、畑作の目安にしたといわれています。

このほかにも、「木曽駒ガ岳」「鳥海山」、「安達太良山」などにも「雪形」の話が伝わっています。残雪時の山を遠望できるときは、「雪形」にも注意してみましょう。また、自分なりの「雪形」を見付けて名付けても楽しいものです。

山の四季と気象の変化

春夏秋冬、山はいろいろな様相をみせてくれます。山の美しさだけにまどわされることなく、地形や気象をよく調べ、山の特徴を充分に把握しましょう。

山歩きは、天候の判断が大切

日本の山の美しさは四季の変化にあると思います。そしてその変化は気象の変化によってもたらされます。しかし、山の気象変化は平地に比べ格段に激しく、夏でも荒天時には疲労凍死を招きかねません。それだけに山歩きと気象は密接な関係にあります。天候の判断によっては、山での行動を左右するばかりでなく、生死にかかわるケースもあるからです。

気象の知識を身につけ、適確な判断と早めの行動がとれるように、普段からの心がけが大切です。

日本列島の南と北、標高の高い所、低い所では季節の進み方は大分差がありますが、大まかな山の季節変化は次のとおりです。

春山

4月～6月（残雪期～新緑）

平地は春でも、積雪の多い地方や標高の高い所では残雪におおわれていて冬の装いです。天候も変りやすく冬に逆戻りするような日もありますので、軽装は禁物です。

5月になると里から駈け登るように新緑が広がります。

本州では、6月も10日を過ぎると梅雨に入ります。梅雨の合間の山々はみずみずしく美しいものですが、梅雨明けまでは近郊の低山歩きや山里からの眺望を楽しむ程度にとどめておくのが無難です。

この時期は天気の良い日でも道はぬかっていることが多いので、防水のきいた靴とスパッツを用意しましょう。

夏山

7月～8月（無積雪期登山）

7月初旬から中旬にかけての梅雨末期は前線が接近したり、上陸したりして、いわゆる梅雨末期の豪雨をもたらすので、山歩きは危険で梅雨明けまで待つようにしたいものです。近年の集中豪雨は梅雨末期に限らず、頻繁に発生する傾向にあります。この豪雨にみまわれると、思わぬ沢の増水、土石流、さらには落石、浮石などの危険が増幅するとともに、行動続行が不能となりかねません。入山前後の天候の変化には十分注意しましょう。

本格的な夏山シーズンの到来は、通常7月下旬で、梅雨明けから8月中旬が最も天候の安定する時期

午後から夕方にかけては
にわか雨や雷雨となることが…

です。しかし、午後から夕方にかけてはにわか雨や雷雨となることが多いので朝の早立ちを心がけ、午後の早い時期には行動を終える計画を組みたいものです。

夏から秋にかけては、台風の発生や進路についての情報をこまめに入手し早めに対処することも大切です。夏の台風は風が強く迷走型が多いのが特徴です。

山では8月の下旬にもなると秋の気配が感じられるようになり、天気は変わりやすく気温も一段と低くなってきます。

秋山

9月～10月（紅葉～初冠雪・新雪）

山の秋は足早で9月中旬ころには標高の高い所から初氷、初冠雪の便りが届きます。また、秋雨前線が停滞しぐずついた天気が続くのもこの時期です。

秋は雨台風が多く、夏型に比べて日本に接近・上陸する回数も増えます。

山の気温低下も急速で体が夏型からの変化に対応しきれず、より寒さを感じる時期です。

秋山で最も恐いのは、平地は雨でも標高が高くなるほどにみぞれから雪に変わるなど、天候の変化が激しいことです。装備、心構えともに季節に先行した準備が必要です。

また、つるべ落としに日が短くなりますので、山での行動も早めに目的地へ着けるように計画しましょう。

山の秋の醍醐味は紅葉です。錦繍に新雪をいだいた峰々と青空の美しさは山の魅力そのものです。

冬山
11月〜3月
（積雪期〜厳冬期）

幾度かの稜線の降雪が序々に標高を下げ、秋の山から冬の山（雪山）へと変化していきます。

冬の晴天の日は、雪の無い山の低山歩きを楽しみましょう。この時期の山歩きは低山で晴れていても、冷たい強い風の日が多いので防寒・防風には十分気をつけましょう。特に、北側斜面や日陰では思わぬ凍結で足を取られることがあるので要注意です。

また、太平洋側でも南岸沿いに発達した低気圧が北上すると、湿った大雪になることが多いです。

3月に入るとフェーン現象で南風が入り、一時的な温度上昇で雪崩や融雪が発生します。その後、冬型に戻ることを繰り返しながら一歩ずつ春へ近づいていきます。

冬の山はいろいろな危険がともないますので、山歩きは天候が安定したごく限られた山に絞り、家の近くでウオーキングなどで体力をつけましょう。

山登りとは……

ハイキング・トレッキング・山歩き、登山。どれが、どこまでという定義は明確ではありません……。自分にあった、無理のない山歩きを楽しみましょう。

「山登り」と一言でいってもさまざまな形態があり、人によってとらえかたもまちまちです。名称によって確たる定義はつけにくいのですが、おおよその意味するところは次のとおりです。

★　★

【ハイキング】　野山、低山の遠足。（ハイカー）

【トレッキング】　最近よく耳にします。本来はヒマラヤの山麓歩きで何日もかけた徒歩旅行をいいますが、国内でも北アルプス山麓などに1日程度で歩けるトレッキングコースが設定されています。（トレッカー）

【山歩き】　まさに山を歩くことで、ハイキングから本格的な登山まで幅広い意味で使われることが多い言葉です。ニュアンスとしては、四季を対象とするものの、本

格的な冬山の装備と技術を必要とする雪山の登山は含みません。

【登山】　標高（海抜）何メートル以上の山歩きが〝登山〟といった明確な区分は全くありません。山地、地域によって状況はさまざまですので、標高だけにとらわれた判断は危険です。一概にはいえませんが、標高千五百～二千メートルを越えると山も深くなり、地形も複雑化して気象も変化してきます。〝登山〟にはその〝登山〟に応じた、登山知識、体力、技術、経験、判断力が必要になってきます。

個人やパーティの力量によってより高度な登山を目指すことも可能です。登山という概念には、①残雪期登山（春山）②無積雪期登山（春山、夏山、秋山）③積雪期登山（冬山、厳冬期）④登攀（岩壁、氷壁）などがあります。

山の文化的側面

文学・絵画・音楽など、山はいろいろなジャンルで親しまれています。それだけ山は、人間にとって身近な存在といえます。さあ、あなたも、山の芸術家に……。

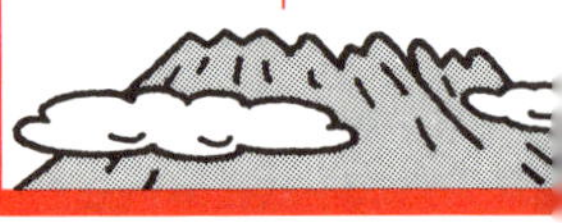

山には奥の深い文化的側面があります。

それは、山岳がもつ力強さ、荒々しさ、優しさ、静けさ、荘厳さ、そして美しさが芸術的感性を限りなく刺激して余りある存在にほかならないからです。

文学、絵画、音楽、その他おそらくすべての芸術ジャンルにおいて山岳はそのテーマとして大きな位置を占める存在に違いありません。山岳をそのような文化的側面からとらえるのも興味深いものです。

山岳文学一つにしても、小説、古今の紀行文、探検記、随想、画文集、山行記録報告書、遭難記、遺稿集など…、私たちに山についての啓示を与えてくれる宝庫です。

山の絵画、音楽なども同様に山の魅力をより幅広く深いものにしてくれます。

深《ふか》田《だ》久弥《きゅうや》の『日本百名山』

今、深田久弥の『日本百名山』が大変なブームになっています。

わが国にはたくさんの山があります。いろいろな山の選び方、いろいろな山の登り方があり、人それぞれに違います。

深田久弥の百名山にこだわり、完登を目指すのも大変意義のある事に違いありません。ただ気になるのは余りにも安易に『日本百名山』にとびつき、百をこなす事だけを目的としていると思しき人たちが増え続けているのではないかと思われることです。

現在の百名山の混み方は、ブーム前には考えられなかったことです。とても、静かな山歩きを楽しむといった雰囲気ではなくなりつつあります。これでは山の荒廃も加速してしまいます。

深田久弥の山に寄せる深い思慕・憧憬の中から生まれた『日本百名山』は、著者の山に対する謙虚で真摯な姿勢を十分に理解することができれば、この百名山がすべてではなく数限りなくある名山の中で深田久弥がそのときに選ん

だ百だということがわかります。『日本百名山』はもちろんすばらしい山々です。登りたくなる山々ですが…、百名山の中で登った数を競って誇りにするべき性格ではないことに気付きます。

自分で自分の百名山、二百名山を見つける、そんな気持ちで時間をかけてあせらずに自分の力量に合った登り方を楽しみたいものです。

深田久弥（ふかだ　きゅうや）

明治36年（一九〇三）石川県生まれ。作家、登山家、ヒマラヤ研究家。昭和46年茅ケ岳で登山中病死。代表作「日本百名山」「ヒマラヤの高峰」等

山岳図書と山の文学

前述しましたが、山の世界には『山岳文学』という独特の文化的ジャンルが形成されています。

先人たちの偉業を知る手立てになるばかりでなく、山とのかかわり、自然とのかかわりをさまざまな角度から学びとることができます。

近代登山におけるそういった山岳書の原点ともいえる書物として有名なのは、「日本風景論《にほんふうけいろん》」志賀重昂《しがしげたか》(明治27年)「日本アルプス登山と探検」W・ウエストン（明治29年ロンドンにて発行…翻訳・岡村精一・昭和8年）の二著です。

山岳図書としては紀行文、探検記、地誌、学術的な書物から、登頂記、登攀記、研究書、小説、随想へと広がります。

それらは、山との、自然との、あるときは闘いであり、あるときはふれあいでもある奥の深さを示しているといえます。

書名からその内容を彷彿《ほうふつ》とさせるものも少なくありません。

代表的な山岳図書の幾つかをあげてみましょう。

「西蔵旅行記」 河口慧海《かわぐちえかい》（明治37）
「日本山嶽誌《にほんさんがくし》」 高頭式《たかとうしょく》（明治39）
「日本アルプス・全四巻」 小島烏水《こじまうすい》（明治43〜大正4）
「山行《さんこう》」 槇有恒《まきありつね》（大正12）
「黒部谿谷《くろべけいこく》」 冠松次郎《かんむりまつじろう》（昭和3）
「山と雪の日記」 板倉勝宣《いたくらかつのぶ》（昭和5）
「山・研究と随想」 大島亮吉《おおしまりょうきち》（昭和5）
「雪・岩・アルプス」 藤木九三《ふじきくぞう》（昭和5）
「スウィス日記」 辻村伊助《つじむらいすけ》（昭和5）
「ヒマラヤの旅」 長谷川伝次郎《はせがわでんじろう》（昭和7）
「山《やま》の繪本《えほん》」 尾崎喜八《おざききはち》（昭和10）
「アルプス記」 松方三郎《まつかたさぶろう》（昭和12）
「ナンダ・コット登攀《とうはん》」 竹節作太《たけぶしさくた》（昭和12）
「山《やま》の憶《おも》ひ出《で》」 木暮理太郎《こぐれりたろう》（昭和13）
「山岳省察《さんがくしょうさつ》」 今西錦司《いまにしきんじ》（昭和15）
「たった一人の山」 浦松佐美太郎《うらまつさみたろう》（昭和16）
「回想の山々（戦後改題・登山の文化史）」 桑原武夫《くわばらたけお》（昭和19）
「処女峰アンナプルナ」 M・エルゾーク・近藤等《こんどうひとし》訳（昭和28）
「エヴェレスト登頂」 J・ハント（昭和29）
「氷壁《ひょうへき》」 井上靖《いのうえやすし》（昭和32）
「マナスル」 日本山岳会（昭和33）
「山の足音」 畦地梅太郎《あぜちうめたろう》（昭和35）
「わが山旅五十年」 田部重治《たべじゅうじ》（昭和38）
「山の断想」 串田孫一《くしだまごいち》（昭和41）

第2章 健康チェックと体力づくり

健康チェックをしよう

自分の健康についての過信はいけません。山歩きは、十分な健康チェックが必要です。健康に問題があれば対策を講じた山歩きの楽しさを探しましょう。

心・体の準備と健康チェック

山行計画の進行とともに、個人一人ひとりの準備も余裕をもって進めましょう。

ギリギリまで仕事や用事に追われることも多いのですが、装備の点検、不足品の補充、修理など早めに予定を組み、直前になってあわてないように心がけます。

また、普段からまったく運動らしい運動もできずに、いきなり山行当日を迎える人もいますが、自分で苦しい思いをするばかりでなく、パーティーみんなの足を引っ張りかねません。一人の不調で楽しい山歩きが、苦しい山歩きにならないように体力だけは十分につけておきたいものです。

中高年で山歩きを趣味にされる方は、日常での地道な基礎体力づくりこそ、もっとも大切な山行準備の一つなのです。

山歩きとは、実際に山に入って行動しているときばかりではありません。計画段階から出発して、無事帰ってくる。そして、みんなで今回の山歩きについてまとめるまでの全過程が終わってはじめて、『一つの山歩き』が終わったといえます。

山に入る前に健康診断を受けよう

健康面では、山へ行こうと思うくらいの人は自分の健康を過信している場合も少なくありません。

特に若いころに、〝神風登山〟といわれたような、体力登山をしていた人は気をつけてください。衰えたとはいえ、どうしても自分の体を過信しがちになり、気力と体力の間のバランスがとれなくなっているのを気づかずに、ついつい無理をしてしまうからです。

定期的に健康診断を受けて、自分の体の状態をチェックするとともに、問題があれば対策を講じた計画とし、無理に強行しないことです。

日常での地道な基礎体力づくりこそ、もっとも大切な山行準備の一つ

山行前の体力づくり

一朝一夕では、体力づくりはできません。特に山歩きは持久力が大切です。日常生活のなかで、規則的なトレーニングで基礎体力をたかめましょう。

自分の体をチェックしよう

何の準備もしないで山歩きにでかけ、バテてしまい、「あんな苦しい思いをするのはイヤ……、もう二度と山には登らないよ！」「山登りなんて好きになれそうもないな、苦しくて、つらいだけなのに、どこが楽しいのかわからない」

そんな話を聞くと、とても残念に思います。心の準備、体のコンディションが整わないまま出かけ、山についてマイナスのイメージしか感じられないまま帰ってきてしまったからです。

山歩きは、その人の気持ち一つで気楽に簡単に行けてしまいますが、知れば知るほど奥深く、怖さもわかってきます。

中高年者は往々にして自分の意志、自信と現実の体の変化にギャップが生じつつあることを認めたくないものです。

中高年者に限った事ではありませんが、山歩きは安全にそして無事に帰ってこれなくては意味ありません。より快適な山行、より楽しい山行にするには、山行前からの山に対する思い入れ、心がけ、体の調整が大切です。

【心がけ】

何か特別なことをしましょうというのではありません。「山歩きをする」という意識のもとに、日々の生活の中で自然に関連づけていけたらということです。

- エレベーターの使用はやめよう。
- 電車は座らずにいこう。
- バスに乗らずに歩いてしまおう。

●煙草をやめよう。

小さなことでも「山」と結びつけると楽しくできてしまうようになります。

心がけ次第で体力、筋力、バランス感覚を養うチャンスは、生活のなかでいくらでも見つけることができます。

【健康】

普段から自分の健康に自信（過信）を持ち、定期的な健康診断を受けていない人、ことさらに健康診断を避けている人がいます。

海外のトレッキングツアーなどでは、健康診断書の提出を義務づけているものもあるくらいです。

健康に自信があっても定期健康診断は必ず受け、自分の健康状態を常に把握しておくことが大切です。もしも、具合の悪いところや問題のあるところがあれば、運動・疲労・環境（山中・気象・標高など）の変化によって受ける影響やおこりうる障害について、十分な認識が必要です。

特に、心臓病、高血圧症などの危険因子をもっている場合は、医師のチェックが不可欠です。

いうまでもなく山の中は、医療施設、医療手段とは隔絶された世界だからです。

『自分の事は自分で守る』『自己管理する』という気持ちがなければなりません。

【体力づくり】

体力づくり・トレーニングというと、おっくうな気にもなりますが、前述の「心がけ」の項でも述べました通り、日常の生活リズムのなかに取り込めることであれば、それほど難しいことではないでしょう。

習慣化するのには根気がいりますので、トレーニングジム、フィットネスクラブの科学的に処方されたトレーニングへ規則的に通うのも方法です。

山歩きでの体力は持久力でもあります。持久力のもっとも手軽な養い方はウオーキング、ジョギングでしょう。筋肉を伸ばすストレッチ体操で体をほぐし、ウオーキング、ジョギングは正しい姿勢で毎日続け、徐々に量を増やしていきます。

また、持久力とともに筋力アップも大切です。山に慣れるという意味も含め、近くの手軽なハイキングコースを数多く歩くのも、実戦的な体力づくりとして高い効果が得られます。

【コンディションづくり】

山行計画がまとまり、予定の日が近づいてきたら、体調を整えることに気を配ります。

特に山行前日は英気を養う気持ちで、睡眠もたっぷりとります。

【山でバテない方法】

山でバテないためには日ごろの心がけと、バテないための方策を積極的に取り入れましょう。

基礎的な体力がないと早くバテますが、さまざまな原因が重なり合った複合的なバテも多くあります。バテの原因には、❶体力不足、❷体調不調、❸疲労、❹睡眠不足、❺空腹、❻暑さ、❼ハイペース、❽ダラダラ歩き、❾パッキングの悪さ、❿重荷、⓫雨具のムレ、⓬気力不足、⓭バテそうだという弱気、⓮二日酔いなどが考えられます。

バテには予防薬も特効薬もありません。いかに体力づくりが大切かを思い知るのもバテたときです。

常日ごろからの地道な努力の積み重ねと、基本に忠実な準備・支度がバテの予防対策といえます。

山でのケガと病気

山に行く前に、山でのケガや病気にどんなものがあるか知っておきましょう。軽いケガや病気でも、山では取り返しのつかないことになることもあります。

山行中には大小さまざまなアクシデント、トラブルが発生する可能性があります。

小さなケガやちょっと具合が悪くなった程度であれば、日常的な処置でことたりますが、(下界だったら) 医者に診せたり救急車を呼ぶような状態になったりすると、とっさに適正な応急処置を講じることはなかなか難しいものです。あわてずに、その場で取ることができる最善をつくします。

生半可な知識で事態を悪化させてしまっては何にもなりません。近くに医療従事者がいないか呼びかけてみます。状況をみて、救助の要請や医療機関への連絡、搬送も考慮しましょう。方針が決まったら迅速に行動します。

できれば事前に救急法の講習を受ける機会をつくり、正しい処置の方法を覚えておくと日常でも何かと役に立ちます。

★　★

ケガは突発的ですが、病気は慢性的（持病）な場合も多いので、特に発作性のものは万一に備えその人に合った対処方をメモにして、リーダーや身近の人に渡しておきましょう。

また、気道確保、救急蘇生法（人工呼吸）、心臓マッサージ、副木の当て方、搬送方法などの技術を習得しておくとより安心です。

★　★

ケガや病気で自力の走行が困難になった場合は、搬送を考えなければなりませんが、安全にしかも苦痛を与えずに搬送するには技術も体力も必要です。状況をよく見極めて、自パーティーだけでの搬送が困難な場合には、救助を要請しなければなりません。

（ケガや病気については、個人の体質、体調、症状の程度によって専門的な治療が必要です。ここでは初歩的な応急処置法についてふれました。その他さまざまな症例の応急処置法については、専門書などもご一読ください。）

搬送するには技術も体力も必要

山でのケガ

山でのケガは、自分の不注意や疲労が原因で体のバランスをくずして起きる場合がほとんどです。しかし、どうしても避けられない突発的なものもあります。

山でのケガには、次のようなものがあります。

●切り傷　●すり傷　●出血
●骨折　●ねんざ　●脱臼
●筋肉けいれん　●こむら返り
●靴ずれ（マメ）　●火傷

ケガの応急処置のポイントは、止血、感染防止、機能障害の防止にあります。

主なケガについての応急処置は次の通りです。

【切り傷・すり傷】

程度の軽いものであれば、傷口を消毒してバンソウコウや包帯でまきます。

痛みやはれがひどいときは、患部を冷やします。血管や神経、腱の損傷の恐れがあるときは医師の手当てが必要です。

【出血】

動脈からの出血の場合は緊急に処置をする必要があります。傷口を心臓より下の位置にし、傷口に滅菌ガーゼを当てて、手のひらで強く圧迫し止血します。たいていは、5～6分で止まりますが、数回試みても止まらない場合は、滅菌ガーゼを厚く当て、包帯を手足の末端への血流を止めない程度に強くまきます。

【骨折・ねんざ・脱臼】

骨折とねんざは、外見的にはどちらかわからない場合もあります。痛み、はれは共通の症状ですが、骨折の場合はより激しく痛み、変形していることもあります。こんなときは、無理に歩かせたり、動かしてはいけません。

ねんざの場合は、はれている場所をよく冷やし、患部を体より高い位置にするとよいでしょう。歩けそうなときは、肩を貸すなど患部になるべく負担をかけないようにします。

骨折の場合は、副木で患部を固定します。下肢の受傷で歩行不能のときは、自力で搬送できるのか、救援を求めるのか判断しなければなりません。

脱臼の場合も患部を冷やし固定します。

【こむら返り】

ふくらはぎの筋肉が引きつってしまう状態になったときには、靴をぬぎ親指をそらせて手前に引くと楽になります。足裏のときは、土踏まずに体重をかけるなど圧迫すると治ります。治ったら、よくもんでおきます。足が冷えたときにもなりますので、気をつけましょう。

【靴ずれ（マメ）】

マメができる前で、皮膚がすれて赤くなってきた状態でしたら大きなバンソウコウをはります。マメが水を持っているようであれば、焼いて消毒した針先で水を抜きます。水を抜いた後、傷口を消毒してください。つぶれたマメは消毒後に化膿どめを塗って、救急バンソウコウなどで傷口を保護します。

【火傷】

水で急いで冷やします。着衣のときもそのまま上から水をかけます。熱さや痛みがなくなるまで、できるだけ長い間冷やし続けます。

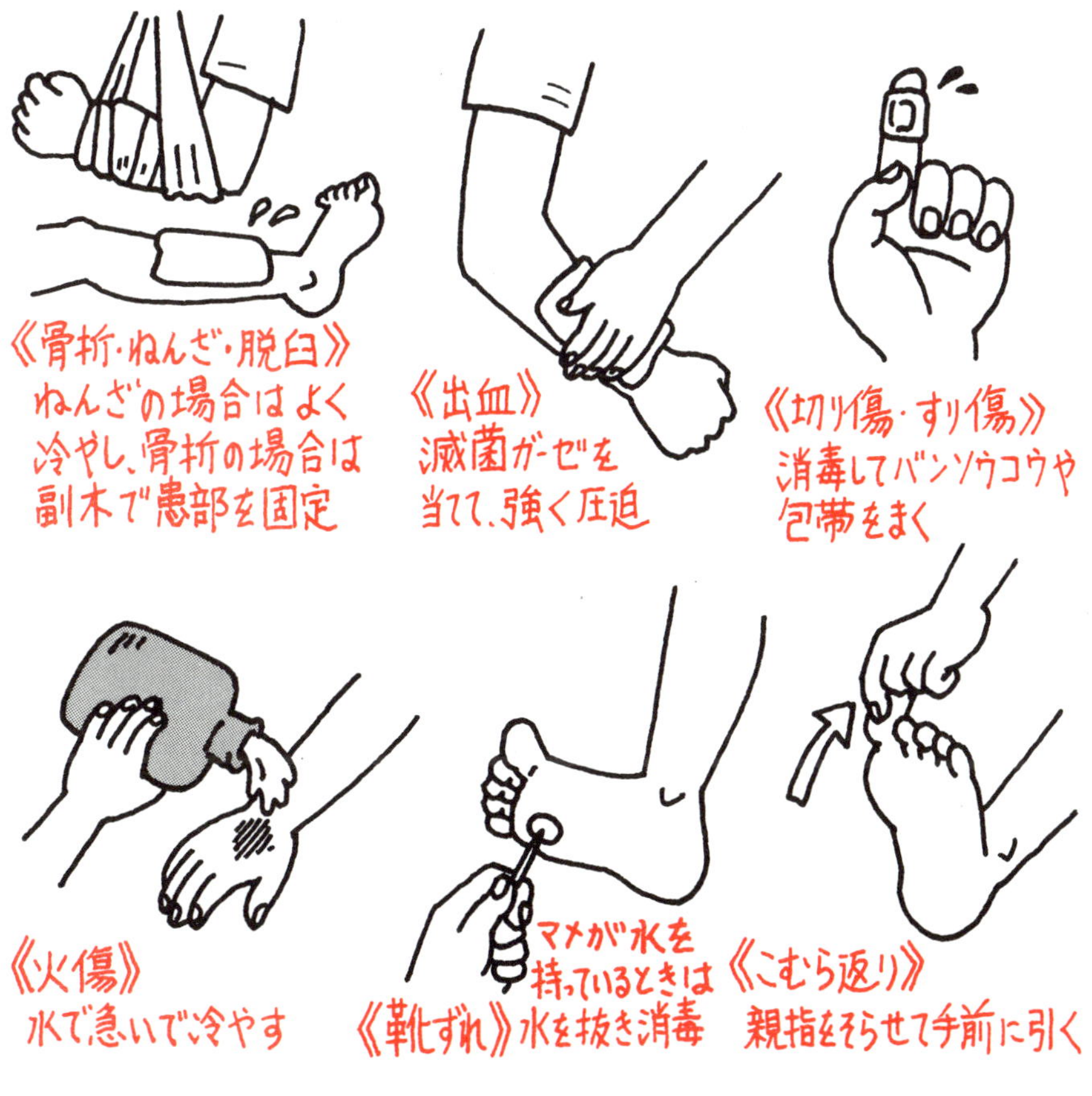
《骨折・ねんざ・脱臼》
ねんざの場合はよく
冷やし、骨折の場合は
副木で患部を固定
《出血》
滅菌ガーゼを
当てて、強く圧迫
《切り傷・すり傷》
消毒してバンソウコウや
包帯をまく
《火傷》
水で急いで冷やす
マメが水を
持っているときは
《靴ずれ》水を抜き消毒
《こむら返り》
親指をそらせて手前に引く

山での病気

山での病気は、体調をくずしたまま入山したり（これは無謀な行為ですが……）、体調が万全でも環境の変化による睡眠不足や疲労で病気になったりすることがあります。

また、雨にぬれたり、自分の発汗作用で体の体温を奪われたときに、着替えのタイミングがうまくいかないときに、カゼをひいたりします。

夏山などでは、水の飲みすぎから、お腹をこわしたりすることもあります。山での主な病気には、次のようなものがあります。

●腹痛・下痢・胸やけ
●日射病　●カゼ・肺炎
●高山病

主な病気についての救急処置は次の通りです。

【腹痛】
食あたりなどのあまり深刻でない腹痛のばあいは、飲み慣れた胃腸薬ですみますが、痛みが強いようであれば、衣服やベルトをゆるめて枕を低くします。次に、冷やさないよう静かに寝かせます。

吐き気、嘔吐、下痢、発熱などの他の諸症状があわせてでてきたときは、赤痢、虫垂炎などの疑いもあります。

【日射病】
炎天下の長時間行動などで、体温の調整ができなくなったときに発病します。頭痛、吐き気、めまい、体温の上昇、皮膚の乾燥などの症状がでます。突然倒れこむこともあります。涼しくて風通しのよい木陰などで、衣服やベルトをゆるめて休ませます。

【カゼ・肺炎】
カゼ薬を服用し体を暖かくして安静にします。食事は消化のよいものにしましょう。発熱、胸痛、セキをともなうときは、肺炎の疑いもありますので下山させます。

【高山病】
高山病は二千五百メートルから三千メートル以上の標高で起こるといわれていますが、個人差や体調によって著しく異なります。

病状としては、頭痛、吐き気、嘔吐、生あくび、倦怠《けんたい》感などです。

病状が悪くなるようであれば、標高を下げる(下山する)ことが最良の処置になります。胸痛、セキ、息切れなどの症状がともなうときは、「肺水腫」の疑いがあるので、すぐに下山します。

《日射病》
涼しい木陰などで
衣服、ベルトをゆるめ
休ませる
《腹痛》
深刻でないばあい
飲み慣れた胃腸薬で…
《高山病》
標高を下げることが最良の処置
《カゼ・肺炎》
体を暖かくして安静に

野生の動物と出合ったら!?

山で野性の動物にいきなり合うととても危険です。決められた登山道を歩いていても、危険なこともあります。野生の動物と出合ったときの極意です。

山の危険には天候の急変・体調不良・道に迷うなどのほかに、危険な野性動物との出合いもあります。

ここでは、このような危険な動物と出合ったらどうするかについて、ちょっとふれたいと思います。

①クマ(ヒグマ)…北海道の山地に出没する。

地元で最近の様子を確認してから入山しましょう。狂暴性が強いので注意。大声やラジオをつけながら歩けば安全との説もありますが、確実な方法はないようです。

②ツキノワグマ…本州に生息。

ヒグマほどの狂暴性はありませんが出合い頭だとそうもいっておれません。ヒグマでも同じですが、向かい合ってしまったら声を出さず、ひるまずにクマの目をじっと見据えると相手の方から去っていく事が多いようです。また、クマは急斜面の下りが弱いので、下に逃げるとよいといわれています。

③マムシ・ヤマカガシ…全国に生息。

マムシは草地や岩石帯にいて、とぐろを巻いて頭部をもたげているときは攻撃態勢なので近づかないことです。

土や木の隙間に手を入れて噛まれたケースもあります。噛まれたときは傷口を急いで洗い、毒液を口で吸いとり吐きます。何回かくり返し、医師のところへ急ぎましょう。動転して激しく動くと毒が回りやすいので静かにしていることが大切です。

④ハチ…全国いたるところ。

帽子などで追い払ったりすると、逆に攻撃してくるので刺激しないことです。

スズメバチは人によってダメージも大きく死亡例もあり、医師の手当が必要な場合もあります。また、ブヨなども体質によっては大きくはれることがありますので、夏季にはムシさされの薬を持参しましょう。

《ツキノワグマ》
クマは急斜面の下りが弱い
《ヒグマ》
狂暴性が強いので注意
《ハチ》
スズメバチに刺されると医師の手当が必要な場合も
《マムシ・ヤマカガシ》
傷口を急いで洗い、毒液を口で吸いとり吐く

女性だけの山歩きで感じること

山の中で中高年の女性パーティーをたくさん見かけます。

山の花や植物に詳しい人も多く、本当に生き生きと楽しそうに歩かれています。お昼のお弁当も華やかで充実しています。山行を、きっと何日も前から楽しみにしていたのだろうと感じられます。

家事の合間をぬっての山支度、出かけるからには片づけておきたいあれこれ……。

大変そうにも感じますが、山歩きに出かけるようになってから、逆に手際よく済ませるようになったとか、家族が協力してくれるといった話も耳にします。

夫婦そろっての趣味であれば、問題ないですし、ご主人を連れ出せれば完璧です。

女性に限ったことではありませんが初心者の山歩きで感じることは、山の装備としては適当でない間に合わせ的な支度の人が多いということです。Tシャツ、ショートパンツ、うす手の運動靴、肩ひもの細いレジャー用のリュックサック、ビニールの三角雨具など、夏とはいえ白馬の大雪渓をそんな姿で登っているのを見かけると思わず声を掛けてしまいます。

山の用具は自分の身を守るための物だということを知らなければなりません。

逆に、これは比較的女性に多いことですが、いろいろ荷物を持ってきすぎて重荷で苦しんでしまうケースです。余分なものは減らし軽量化することが大切です。軽くするための工夫も大いに必要でしょう。

自分の荷物は自分で背負うのが、山歩きの大原則です、そして安易に甘えた気持ちは禁物です。

山道や簡単な岩場、桟道で立ちすくんでしまう人もいますが、バランス感覚を養うために常日ごろから電車やバスでは座らないといった訓練をしておくとよいでしょう。

第3章 計画と準備

山歩きの基礎知識①

中高年の山歩きは、どんなに体力に自信があっても単独行は避けたいものです。自分のめざす山歩きの考えや体力が一致する人と行動するのが最適です。

山歩きで満足感を感じよう

山歩きにあまり興味を示さない人から「重い荷物を背負って苦しそうなだけなのに、どこが楽しいの？　なんで、山に登るの？」と聞かれることがあります。

答えは、山好きの人の数と同じだけあると思いますし、本当は理屈抜きといったところではないでしょうか。

でも、それでは答えになりません。しいて言えば頂上に立ったとき、また目的を達成したときに感じる何とも言えないさわやかな満足感だと思います。

山歩きは、日常生活（食事したり、歩いたり、眠ったりなど）部分とスポーツ部分を合わせ持った行為で、スポーツ部分を、レクリエーション的に、あるいは娯楽的にとらえる人もいます。そのとらえ方によって、「山歩き」の質も内容も変わってくるといえます。

もちろん、生活部分も山中という特別な環境においての行為ですので、どんなアクシデントがあるかわかりません。十分な工夫と配慮が必要になります。

自分に合った山歩きを見つけよう

山歩きを始めるには、山歩きを共にしようという仲間がいると楽しみが倍加しますし、本人も周りも安心です。

そして、仲間の中心には登山についての経験と見識のある人を選び、形ばかりでなく一緒に実質的に活動することが大切です。

ことに中高年の場合、ややもすれば気楽でよいからと一人歩き（単独行）を好む方もいますが、若い頃よく山に登った人でも体力は往時のようなわけにはいきません。まして、「気」だけが若いのがかえってやっかいなものなのです。

気力はあっても、体力は比べものにならないくらい落ちていますし、ましてや、突然体調がくずれ

ることもあります。危険を避ける意味からも中高年者の山での一人歩きは絶対にやめましょう。

もし、身近に山の仲間ができそうにないときは、県や市町村の教育委員会、カルチャーセンター、山岳ガイドなどが主催する登山教室に参加する方法もあります。

行きたい山があっても、自分や仲間だけでは不安があれば、山岳ガイドが同行する旅行業者などの山歩きツアーも数多く企画されています。自分たちの希望や計画にそっての同行を、ガイドに依頼することもできます。

また、いろいろなタイプの山の会が会員を募っていますので、自分に合った会を見つけて入会するのも一つの方法です。月刊の山岳雑誌などに会員の募集がのっていますので調べてみてください。

山歩きの基礎知識②

山がいくら素晴らしいといっても、いきなり三千メートル級の高山に行くのはやめましょう。低い山での歩きで自分の体を十分になれさせましょう。

目的・山行の形態をしっかり把握しよう

山の仲間が決まったら、いよいよ山歩きの実行です。山の会として新たに活動するときは、代表者を決め活動方針や連絡網を整備しておく事も大切です。また、新たに「山の会」に入会された人は、会の規約や活動方針をよく読み、自分に本当に合っているかよく検討してください。何度もいいますが、中高年の体は自分の考えている体調より、かなりの確率で不確実さが潜んでいるということを忘れないようにしてください。

さて、「山の会」の例会では、お互いに山の知識や理解を深め、山行の目的や山行の形態についても共通の認識を持ちます。日ごろから積極的に体を動かす機会を作り、体調を整えておくことも大切です。

最初は無理せず、軽い歩行の日帰りから

初期の山行は無理をせず、近郊のハイキングなどを手初めに段階を踏みます。高低差の大きい山や急峻な斜面、岩場やガレ場などを含むコースはなるべく避けましょう。また、季節、天候も穏やかな時期を選びます。

そして、新緑、野草、小鳥のさえずり、紅葉を楽しむといった自然との触れ合いを大切にします。

慣れないと下りを安易に考えがちですが、膝に負担がかかりますので勾配の緩い、短時間で下れるコースを考えましょう。

行程としては余裕を見て、実歩行時間5時間程度の日帰り登山か

▲ハイキングコースを行く

山歩きは、何よりも
「人に頼らず、自分のことは自分で」

らのスタートが適当です。

夜行列車利用、あるいは夜通しで車を運転しての入山は避けましょう。山麓で一泊するような計画にできれば申し分ありません。山に入る前からの睡眠不足は、せっかくの山行を辛く苦しいものにしてしまいます。

目的の山を絞り、情報を集め、だいたいのプランができたら参加するメンバーが集まってプランの細部を検討をします。

ここで大切なのは、その山行に参加するメンバーが全員そろったうえで開く準備会にしたいということです。計画を他人まかせにして、自分はついて行くだけというのでは困ります。

山歩きは、何よりも『人に頼らず、自分のことは自分で』が原則だからです。

どんな山に行くか決めよう

我が国は山国だけに、登る山にはことかきませんが、自分の体力に合った山を見付けるほうが大変です。情報や資料の収集には十分時間をかけましょう。

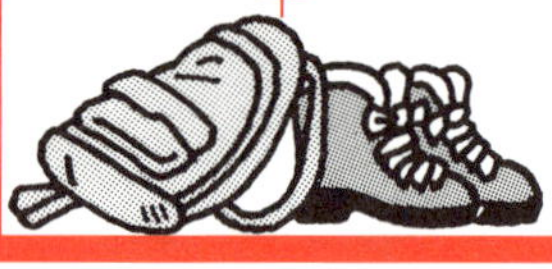

山に登るのに、目的やテーマを持とう

山へ登るのにいろいろな目的やテーマを持つと、楽しさも倍加します。

あの山の頂上を踏みたい、新緑や紅葉を見よう、ミズバショウを見たい、越えてみたかった峠を訪ねよう、写真を撮りたい、スケッチをしたい、歌を詠みたい……。

中高年の山登りでは、がむしゃら登る、あるいは歩くというのではなく、ゆとりをもった、より豊かな山歩きにしたいものです。

どんな山があるのかどんな山に行こうか

6ページの「日本の山とその特性」でも取り上げましたが、我が国には1万を越える山や峠があり、高山でも交通の便がよく比較的楽に登れる山もあれば、低山だがかなりのアルバイトを要求される山もあります。

目的とする山を決めるときは、各自の体力や好みにもよって変わってきますが、中高年の初心者はいきなりの長い山歩きは避けて、低山の日帰り、山小屋泊りでも1・2泊の余裕のある山行にしたいものです。

第5章で実際の山歩きコースの例を挙げましたが、中高年の山歩きでは、❶日帰りハイキング❷山麓泊りの山歩き❸山小屋利用の縦走登山などがあります。

『山に行こう』と思ったら、めざす山やテーマが決まっていればもちろんのこと、これから決めるときは、情報収集や資料調べを入念に行いましょう。

資料や情報の収集は、山岳雑誌、山岳ガイドブックなどを活用しましょう。単行本の場合は、発行の年月日に注意してください。年月の経っている資料は状況が変化している場合も多いからです。

最新の情報は各都道府県や市町村の観光課に問い合せて、よく確認しておくことが大切です。

あの山の頂上を踏みたい
山小屋泊り….
スケッチしたり…
ミズバショウを見たい…

山行計画のたて方

目的とする山が決まったらいよいよ山行計画です。パーティーで大切なことは、連帯感と協調性です。また、自分の役割は責任をもってはたしましょう。

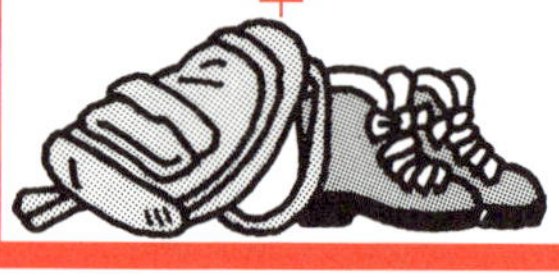

目的とする山へ山域の概念を知る

目的とする山が決まったら、その山域の概念をよく調査し、状況を把握した上でコースの選定をします。

コース選定のポイントとしては、次の6つをしっかり把握しましょう。

❶そのコースの魅力
❷所要時間＝距離
❸標高差
❹コースの難易度
❺コースによってはメンバーの備えるべき要件
❻エスケープコースの確認・チェック

などです。

特に❻番のエスケープコースの確認チェックは、天候が悪化したり、メンバーの体調がくずれたときに重要になるので、コースの要所要所でいろいろな避難コースの確認をしっかりしておきましょう。

メンバーの確認と役割分担

【メンバーの確認】

その山行の参加者をグループにまとめることを「パーティーを組む」といいます。

そしてチームワークをよくするのには、お互いに協調性をもち連帯感を育てます。さらに、安全で快適な山歩きをするにはパーティーをまとめる有能なリーダーが不可欠です。

【リーダーを決める】

リーダーは山の経験、知識、技術、体力、見識が備わり、統率力があり、人間的にもパーティーの全員から信頼される人が理想です。単に、年長だから、面倒見がよいから、リーダーをやりたそうだから、といった程度で選んでしまうのは危険です。

山行中に何か問題が生じたときは、緊急を要すれば要するほど適切な判断と行動力が欠かせないか

らです。

そして、他の人は、リーダーの判断に協力して最善の努力をすることが大切です。

リーダーが決まると、次にリーダーを補佐するサブリーダーを決めます。サブリーダーにもリーダーに準じた資質が備わっていることが望ましい選び方です。

【役割分担】

山行を行うのに必要な基本的役割は次の通りです。

●チーフリーダー

全体の掌握や地形、コースの確認、メンバーの緊急連絡の確認や健康管理・体力づくりの指示。

●サブリーダー

リーダーの補佐。

●庶務・会計

乗車券の購入、宿の手配や確認、

共同費用の出納管理。
●装備・医療（医薬品）
団体装備の調達確認や個人装備の指示チェック。
●食料
食料計画の立案、調達（行動食や非常食のチェック）。
●気象
情報収集や天気図作成。
●記録
会議記録や行動記録の作成。
などです。

山行の内容によって各担当の事前準備の仕方も変わってきます。また、いつでも同じ役割ばかりを担当するのではなくオールランドにできるようになっておきたいものです。当然、人数の少ないときには幾つかの役割を兼ねることになります。

▲パーティーでの山行

登山計画書に必要なこと

今までに検討し決まったことを登山計画書にまとめましょう。

計画書はメンバー全員、グループ（会）の緊急連絡先、家族に配るほか、登山届として地元登山口の相談所（警察）に提出します。

万一のときには、重要な手掛りになるからです。

計画書には次の項目を記載します。

❶パーティー名（会の名称・所在地）
❷山行の目的
❸登山地域
❹入山期間
❺コース・コース概念図・エスケープルート
❻メンバーリスト（氏名、性別、年令、血液型、住所、電話、担当任務）
❼装備リスト（団体・個人・医薬品）
❽食料リスト（日別・予備食・非常食）
❾山行費用
❿緊急連絡先

次のページに実際の「登山届」書を挙げておきます。特に❿は必ず確実に連絡がつく人を選びます。

実際の「登山届」書

山をよごさないように ― (ゴミは持ち帰りましょう)

安全登山は登山届の記入から ― (くわしく・正確に)

登　山　届

北ア北部地区遭対協
大　町　警　察　署

山岳団体名		所在地 緊急連絡先	TEL

登山コース	縦走・定着	入山口 (　　　　)	経由地 ～(　　　　)	下山口 ～(　　　　)	入山　月　日 下山　月　日 予備日　日

	氏名	年令	性別	職業	住所	緊急連絡先　TEL　(続柄等)
リーダー						
メンバー						
食糧	(　日分)・非常食　有・無	主なる装備	トランシーバー(交信時間　MH)有・無、アイゼン　有・無、雨具　有・無、ツエルト　有・無			

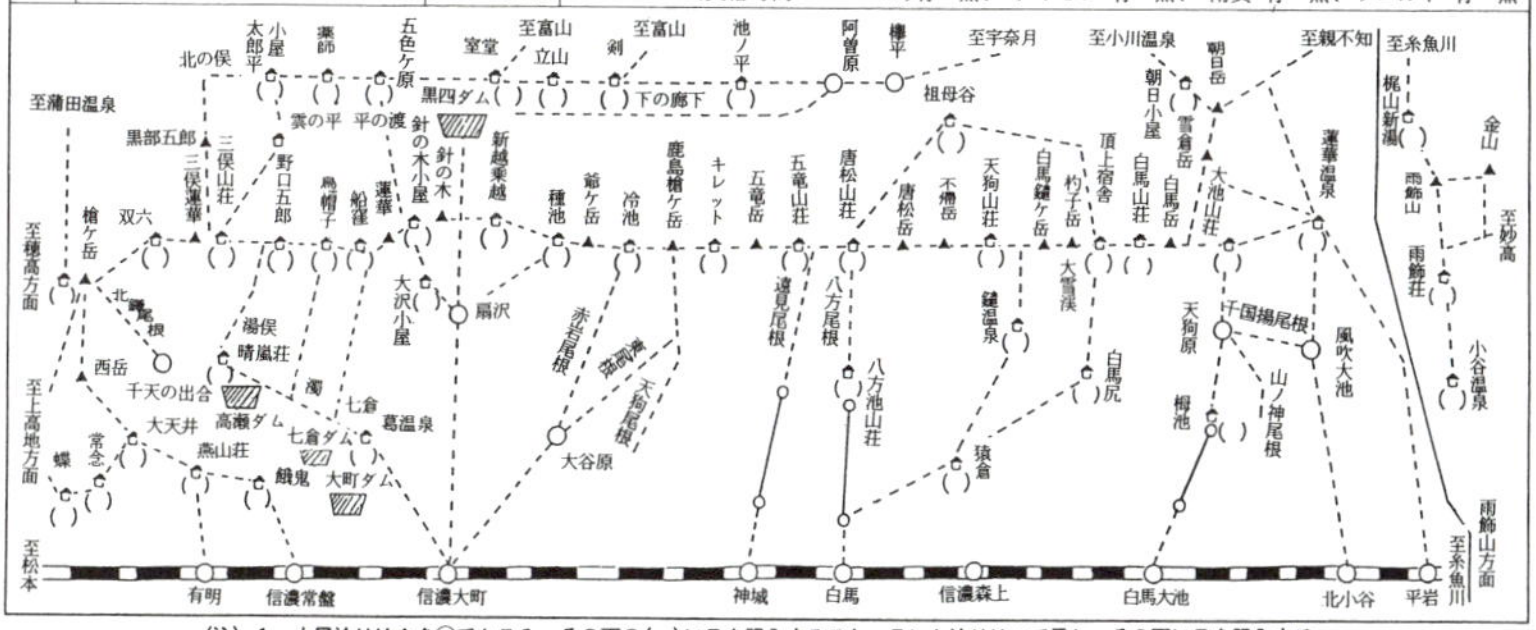

(注) 1，小屋泊りは⌂を○でかこみ、その下の(　)に日を記入すること。テント泊りは△で示し、その下に日を記入する。
2，コースを矢印で示すこと。

登山用具と選び方

登山用具の選び方で「山歩き」が決まるといっても過言ではありません。特に登山靴、ザック、ウエアーなどは上手に選ぶことが大切です。

ここでは、無雪期で、日帰りや山小屋宿泊の山歩きを対象とした登山用具について述べてみたいと思います。

【登山靴→軽登山靴】

登山靴は対象とする山、季節、登り方など目的によって多種多様な製品が販売されていて、選ぶのに迷ってしまいます。

新しく購入するときは店頭で直接はいてみて、実際店内を歩いてみましょう。メーカーや靴の作り方などで、大きさやはいた感じが違うので、サイズにこだわらずいろいろはき比べてみましょう。

カタログでの通信販売などは避けたほうが無難です。

選び方としては、『軽登山靴』『トレッキングシューズ』に分類されているなかで足首まであるもの、ビブラムソールなど底のしっかりしたものや、甲皮、ゴアテックス張りなどきちんと防水加工が施されているものなどがポイントになります。

適当なサイズは靴下1枚ではいてみて、足の指が靴の先に当たらず自由に動かせ、足の甲やくるぶしにも当たるところがなく、全体にフィット感のあるものがよいでしょう。

【ザック】

ザックの変遷には目を見張るものがあります。どこの家にも古いリュックザックが眠っており、たまの山行だからとそのまま使っているのを見かけますが、現在では素材も機能も格段によくなっています。

背負いやすさ、疲れにくさに大きな差があります。ナイロン製の縦型で、背負いベルトがしっかりしてウエストベルトもついたタイプが主流です。大きさは容量(ℓ)で表示され、日帰り山行なら20～30ℓ、山小屋を利用する山行ならば40ℓは必要です。見本のザックを背負ってみて、自分の体に合うことを確かめてください。

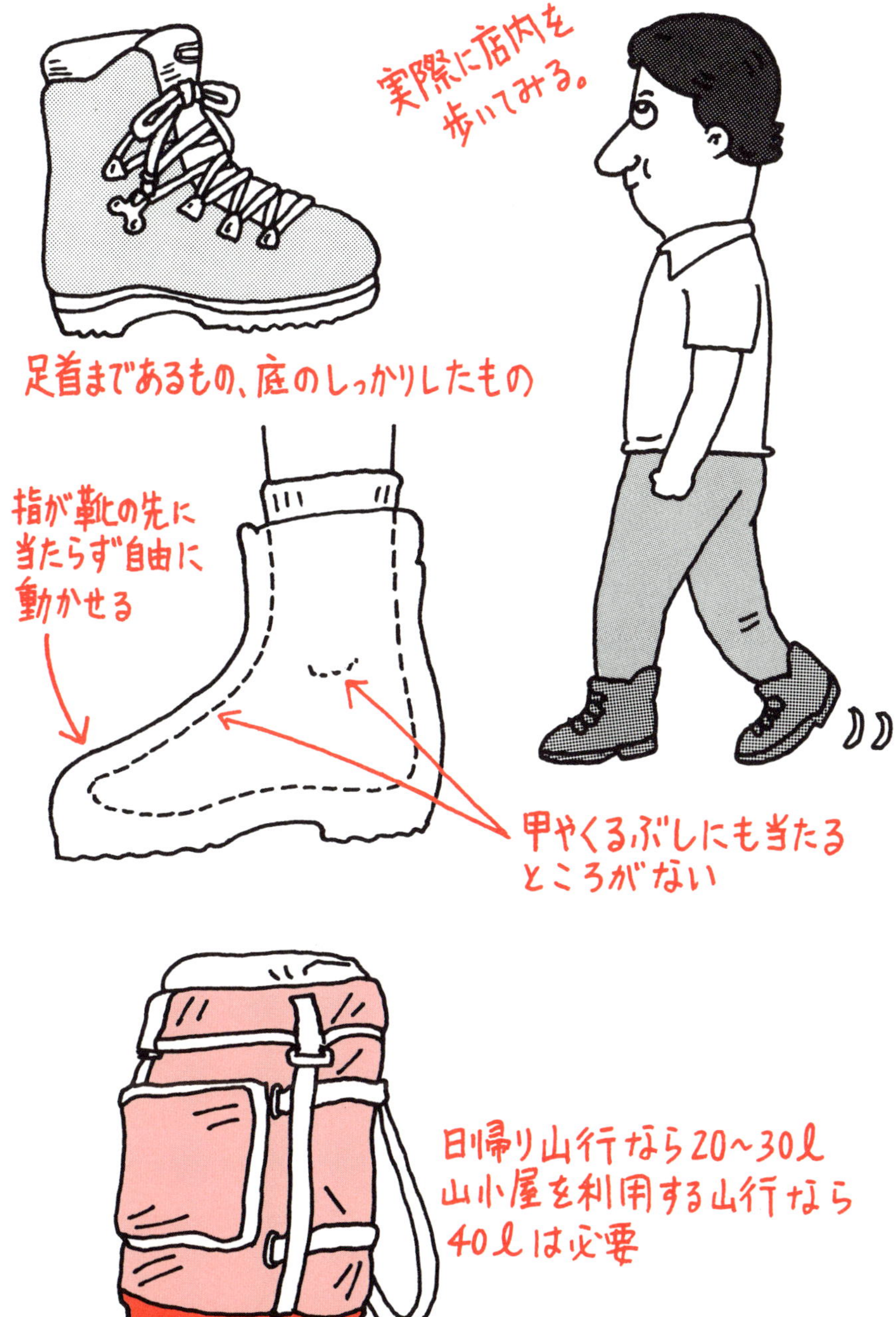
実際に店内を
歩いてみる。
足首まであるもの、底のしっかりしたもの
指が靴の先に
当たらず自由に
動かせる
甲やくるぶしにも当たる
ところがない
日帰り山行なら20~30ℓ
山小屋を利用する山行なら
40ℓは必要

【雨具】

雨具もザックと同様に目覚ましい改良で新しい製品が数多く販売されています。新素材（ゴアテックスなど）の出現により防水性、通気性ともに優れた画期的な製品も一般化してきています。いろいろなタイプがあり、一長一短のところもありますが、お薦めしたいのは上下に分かれたセパレート型ゴアテックスのレインウエアーです。重ねて着たり靴のままはいたりしますので、少々大きめのサイズがよいでしょう。

ビニールやゴム引きの製品は低価格ですが、通気性が無いので発汗でムレたときの苦しさは並たいていではありません。

ザックカバーもザックの大きさに合ったものを用意します。

【登山ウエアー】

登山用の衣服は厳しい気象条件や自然の中で使用するので機能性が高く、強度のあるものが求められます。

夏でも標高の高い山では寒暑の差が大きく、晴れた日中はTシャツにショートパンツでよくても、降雨時や日没後は防寒衣が必要になるほどです。

また、岩場、ヤブこぎ、雪渓、強い日射し、風、霧、寒さ、などから身を守らなければなりませんので、季節、山の状況によっても支度は変わります。

Tシャツ、下着も最近ではダクロン、オーロンなどの化学繊維を使った汗などの乾きが早く、保温性の優れた多種多様の製品が出ています。綿製品はぬれたときに体温を奪いますので山用としては夏でも不向きなことを頭に入れておきましょう。

山ではウールかウールと化繊の混紡またはオーロンの製品が適当です。

●カッターシャツ

夏でも長袖は必携品です。強い陽射し、寒さ、虫などから身を守ります。ポケットは両胸、ふた付き。

●下着

夏はTシャツで兼用。スペアはビニール袋で防水。寒いときはアンダータイツが機能的です。

●防寒具

軽量で保温性の高いフリースジャケットが良好です。防風性がないのでウインドブレーカーを併用します。

●帽子

フードのある上着、雨具を着るときはつば付きを使いましょう。

つば付き帽子が便利

セパレート型レインウエアー

夏の下着はTシャツで兼用

長袖のカッターシャツは必携品

軽量で保温性の高い防寒具

食事は行動力の「源」

山での楽しみは何といっても食事の時間です。食事がおいしくできるときは、体調もよく、山歩きが順調にいっているときといってもよいでしょう

食料には行動食、予備食、非常食がある

快適な山歩きのポイントは、「食事がおいしく・楽しくできる」かにかかっているといっても過言ではありません。山行中の食事は、山の楽しみのなかでも大きなウエイトを占めていて、計画の立て方一つで随分と変わってしまいます。日帰り山行でも温かい飲み物や、味噌汁などを用意するだけでとても豊かな食事になります。

山行の形態（日帰り、山小屋宿泊、自炊）や日程などによって、食料計画の内容は異なってきますが、基本的なポイントは次の通りです。

【行動食】

三度の食事とは別に、あるいは荒天で落ち着いて昼食がとれないようなときに、行動中にエネルギー補給、疲労回復の目的で口にします。あんぱん、アメ、ドライフルーツ、チョコレートなど糖質、ハイカロリーで吸収が早く即効性のあるものがよいでしょう。

【予備食】

行程が数日以上にわたり、天候その他の理由で山中滞留の延長を余儀なくされる場合に備えて用意する予備の食料の事です。

日持ちがよく取り扱いが便利なレトルト、フリーズドライなどインスタント食品を活用しましょう。

日帰りのときは、非常食があれば必要ありません。

【非常食】

どんな山行でも個人装備として必ず自分で持参します。

疲労困憊で用意した食べ物がのどを通らないとき、パーティーからはぐれたり、道に迷って下山できなくなってしまったときなどの非常時に用います。

非常食として適当な食品としては、そのまますぐに食べられるカロリーメイト、サラミソーセージ、チーズ、コンデンスミルク、ナッツ類、その他前述の行動食であげた食品などです。

行動食
チョコレート
アメ
キャンデー
あんぱん
予備食
ビーフ
カレー
みそ汁
レトルト、フリーズドライ
などのインスタント食品
非常食
カロリーメイト
CalorieMate
BLOCK
ピーナッツ
ナッツ類
MILK
ミルク
コンデンスミルク
サラミソーセージ

パッキングで歩きが決まる

同じ荷物も詰め方しだいで、重くも軽くも感じるから不思議です。パッキングのでき具合で、山歩きの快適さに雲泥の差がでます。

上手なパッキングのコツ

パッキングとはザックに登山用品を詰めて、背負いやすく、歩きやすいように荷を造ることです。

最近はザック自体が背面パットなどで整形され、背負いやすくなっていますが、パッキングの良い悪いによって、山歩きの快適さには雲泥の差が出ます。

パッキングのポイントは次の通りです。

❶重い物は上に、軽いものは底に詰め、重心を上にとり、さらに左右のバランスをよくする事が基本です。

詰めた物と物の間には隙間を作らないようにします。詰めた断面が丸くならず、平らにしかも横へ広げるような感じで納めていきます。

❷雨具、カメラなどすぐに取り出したい物はザックのいちばん上か雨ぶたに入れます。

❸水筒、食器などの堅いものは、背中や腰に直接当たらないようにシートやタオルなどで工夫します。

❹衣類、食料などぬれて困るものは透明なビニール袋、色の違う防水のスタッフバッグなどに仕分け分類して入れると扱いやすいでしょう。小物類も同様です。

❺地図、コンパス、筆記具など、行動中いつも使う物はウエストバッグが取り出しやすく便利です。

★　★

パッキングができたら実際に背負ってみてショルダーベルトの長さを調節します。背中に密着し余り締めつけ感がなく、体とザックが一体になった感じが得られればよいでしょう。ウエストベルトもしっかりと締め、荷重を肩と腰に分散させます。

荷物のすべてをザック、ウエストバッグにしまい、両手には杖以外のものを持たないようにしましょう。

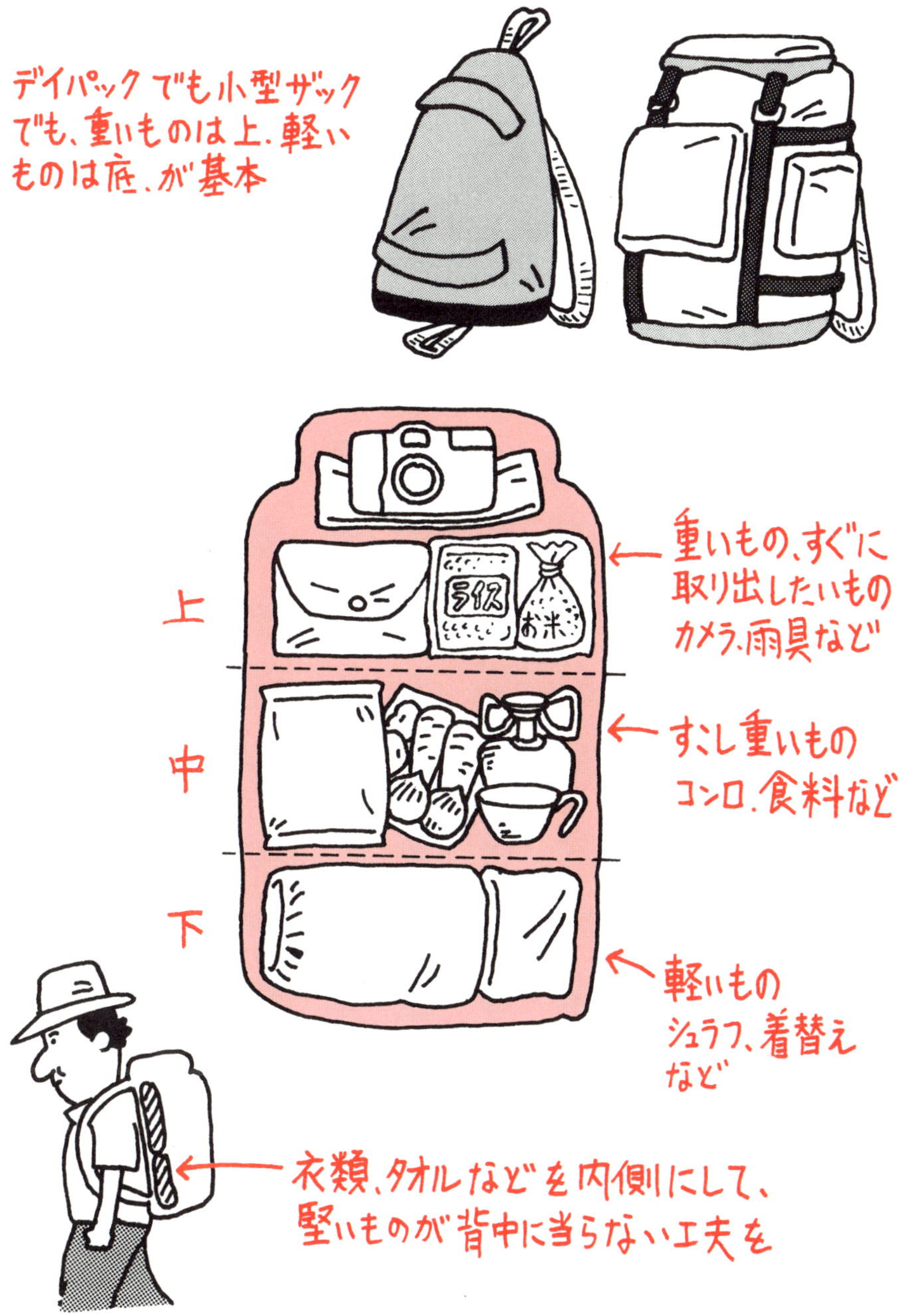
デイパックでも小型ザックでも、重いものは上、軽いものは底、が基本
上
中
下
ライス
お米
重いもの、すぐに取り出したいもの
カメラ、雨具など
すこし重いもの
コンロ、食料など
軽いもの
シュラフ、着替えなど
衣類、タオルなどを内側にして、堅いものが背中に当らない工夫を

山行タイプ別に分類していますが、一応の目安ですので目的の山に応じて選択してください。（軽量化につとめましょう）

◎…特に重要なもの　○…必要なもの　△…あればなおよいもの　ー…不要

	山行形態 / 品名	日帰り（夏）	夏山 山小屋	春・秋山 山小屋	備考
登山用具	裁縫用具	△	○	○	針、糸、安全ピン
	ビニール袋	△	○	○	ゴミ用他、多目的用途、大小数枚
	食料	◎	◎	◎	
	行動食	ー	◎	◎	
	非常食	◎	◎	◎	
	医薬品キット	◎	◎	◎	個人常備薬、団体装備（欄外参照）
	地図	◎	◎	◎	
	ガイドブック	◎	◎	◎	
	磁石（コンパス）	◎	◎	◎	ＯＬ用が使いやすい
	時計	◎	◎	◎	防水、高度計（気圧計）
	ホイッスル	◎	◎	◎	
	手帳・筆記具	◎	◎	◎	
	財布・現金	◎	◎	◎	
	身分証明書	◎	◎	◎	写真入、又は運転免許証
	健康保険証	○	○	○	コピーでも可
	カメラ・フイルム	△	△	△	
	補助ロープ	○	○	○	6 mm、細引き、5～6 m
	ツエルト	△	△	○	
	レスキューシート	◎	◎	◎	
	軽アイゼン	△	△	△	4又は6本爪、残雪、雪渓用
	ガスストーブ	△	△	△	ガスカートリッジ　スペア
	固形燃料	△	△	○	
	コッフェル	△	△	△	

※軽アイゼンは△になっていますが、場所・季節により必要。

●**医薬品キット（団体装備）**

内服薬…腹痛、消化剤、カゼ薬、解熱剤、鎮痛剤、下痢止め

外傷薬…消毒薬、切り傷、虫刺され軟膏、目薬、日焼け止めクリーム、リップクリーム

器　具…三角布、包帯、ガーゼ、バンドエイド、ピンセット、棘抜き、爪切り、小ハサミ、体温計、生理用品

登山用装備一覧表

（無積雪期の日帰りか山小屋宿泊登山）

	品名＼山行形態	日帰り（夏）	夏山 山小屋	春・秋山 山小屋	備考
服装	ジャケット	△	○	◎	フリース、防寒用
	ウインドブレーカー	○	○	◎	綿は不可
	セーター	△	○	◎	薄手、ウール製
	登山用ズボン	◎	◎	◎	トレッキングパンツ、ジーンズは不可
	カッターシャツ	○	○	○	ウール製、蓋付きポケット
	Ｔシャツ	○	○	○	長袖、短袖、下着兼用、オーロン
	下着（替）	△	○	◎	上下、化繊混紡、オーロン製
	靴下	◎	◎	◎	ウール、スペア共
	手袋	○	○	◎	軍手、ウール
	帽子	◎	◎	◎	つば付き
	バンダナ、スカーフ	△	△	△	多用途
登山用具	軽登山靴	◎	◎	◎	予備　靴ひも
	スパッツ	△	△	△	ショート
	ザック	20ℓ	40ℓ	40ℓ	大きさは標準
	ザックカバー	○	○	○	ザックに合った大きさ
	雨具	◎	◎	◎	セパレート型レインウエアー、ゴアテックス製
	折り畳み傘	△	△	△	雨具の代用は不可
	携帯用杖	△	△	△	登山用折り畳み
	ヘッドランプ	◎	◎	◎	スペア電池、電球
	サングラス	△	△	△	
	水筒	◎	◎	◎	1ℓ～2ℓ　アルミ製が主流
	テルモス	△	△	△	登山用魔法びん
	食器	△	△	△	コップ兼用、箸、スプーン
	アーミーナイフ	○	○	○	多機能ナイフ
	ライター・マッチ	◎	◎	◎	
	タオル、手拭	◎	◎	◎	
	洗面具	－	○	○	コンパクトで最少必要限
	チリ紙	◎	◎	◎	水溶性のもの

変わりやすい天候に注意

風、雨、雷、どれをとっても、山では下界とは違ってかなり早い変化でやってくるのが特徴です。天候の変化には機敏な対応が必要です。

基本的に山の天候は、地形的条件・高度差により平地に比べはるかに厳しいものであることを認識しておく必要があります。

天候は平地の気象情報よりも早くくずれ始め、回復は遅れることが多く、降水・降雪は低い確率でも降ることが多いので要注意です。

【気圧】

気圧の単位はヘクトパスカル(hPa)で表示され、高気圧・低気圧は周辺との相対的関係で何hPa以上が高気圧、何hPa以下が低気圧ということではありません。気圧の上昇は天気が良くなり下降は悪化することを示しています。

【気温】

標高による平地との気温差は百メートルにつき0.6度あり、千メートルで6度、二千メートルで12度もの差となり、体感温度は風速1メートルにつき1度下がります。

雨や雪にぬれると放熱で体温が奪われ、体感温度もさらに下がるので、危険な状態を招くことになります。

▲もり上がる入道雲

【晴】

無風快晴のときが山歩きに最も快適であることはいうまでもありませんが、油断すると日焼け、日射病、雪目などになるので注意しましょう。

【雨】

どんな場合でも、山では雨に遭うことを前提に計画・準備しておきます。平地に比べ量も多く、局地的な大雨になることもしばしばです。雨が降り始めたら躊躇せずに雨具を身につけ、体をぬらさないことです。

hPa
気圧が上昇すると
天気が良くなる
気温差は百メートルにつき0.6℃
千メートルでは
気温差6℃
晴の日は日焼け
日射病に注意
山では
雨に遭うことを
前提に…

【風】

山の風は平地の風の数倍の強さになり、標高、地形によって変化します。ことに、樹林帯を抜けた地点や稜線に出たところで強風に遭うことが多く、雨をともなうと目を開けていられないほど激しくなります。体のバランスをくずしやすくとても危険です。こんなときは、風下の樹林帯や山小屋で風が収まるのを待ちます。

【雪】

晩秋・早春には雨、みぞれが雪に変わることがしばしばです。湿った雪は被服を濡らし体を冷やしやすいので、行動の変更を含め早めに対応しなければなりません。

雪山では雪崩、雪庇など特有の現象があり、冬山の知識、装備、技術、経験が必要になります。

【霧】

山上では霧でも下界からは雲がかかって見えます。霧が流れていると周辺の地形が遠くに見えたり近くに見えたり錯覚することがあるので判断を誤りかねません。

自信のないときは霧の合間まで動かず、確認ができてから行動するようにしましょう。パーティーが分散しないように注意します。

【雷】

夏山の雷雨は数日間ほぼ同じ時刻に発生することが多いので、前日に発生したときはその日の行動を早く終えるように調整します。

雷が発生するときは積乱雲が発達します。雲の変化に注意し、稲妻が光ったら雷鳴が聞こえるまでの時間（秒数）を計ると雷までのおよその距離がわかります（音の伝わる速さは秒速３４０メートルです）。

雷が近づいているようであれば避難の準備として、逃げ込む場所を探します。

雷雲が近づき身近で放電現象や頭髪の逆立ちなどが起きるようであれば、すぐにパーティーを分散して素早く稜線から離れ岩陰や凹地に低い姿勢で身を潜ませます。その際、ザック、ピッケル、金属杖などは身から離します。

《雷雲発生時に危険な場所》

山頂、稜線、岩稜、河原、湿地、水辺、草原、丘陵、大木や大岩のそば。

《避難場所として適当な所》

建物の中。自動車の中。大木・岩壁の下45°の内側で大木、岩壁から体を離した位置。

《霧》
周辺の地形を錯覚
することがある
《風》
山の風は平地の
数倍の強さに
《雪》
晩秋・早春には
雨、みぞれが
雪に変わることが
しばしば
《雷》
大木、岩壁などの下
45°の内側に避難する
45°

地図を読むと楽しさアップ

山と地図はきってもきれない関係にあります。二万五千分の一の地図を見るだけで、山の景観がイメージされてくると、もうしめたものです。

山に登る前の計画、準備段階から地図を用意しましょう。ガイドブック、ガイドマップももちろん大切ですが、建設省国土地理院発行の五万分の一、二万五千分の一の地図が基本になりますので常日ごろからなれ親しみましょう。

一昔前まで、登山といえば五万分の一の地図が当たり前でしたが、現在では二万五千分の一の地図が主流で、細かい地形も判別しやすくなっています。

ただし、日本全国を機械的に分割しているので1回の山行で数枚の地図を必要とすることがあります。

★ ★

夏山や比較的整備された登山道での山歩きには指導標も完備されていて、地図がなくてもいつのまにか目的の頂上などにたどりつくことができます。

しかし、登山道や指導標がいくら完備されても、天候の変化やいろいろなアクシデントなどで、道に迷ったりすることもあります。

地図はかならず携帯し、地図を見るだけで山の景観がイメージされるようになっておきたいものです。地図が読めるということで、山歩きが一層楽しくなります。

★ ★

地図の右端には記号欄がありますので、ことに山地に関する記号は覚えておきましょう。

同じ崖でも土と岩では異なり、樹相によっても違います。また、ガイドブックや自分で調べた情報を地図に直接書き込んでおくと便利です。

ガイドブックや地図で注意したいのは発行日です。発行日以後、台風や大雨の被害などにより登山道の損壊等、状況が大きく変化している場合もあるからです。

▲指導標

地形図の見方

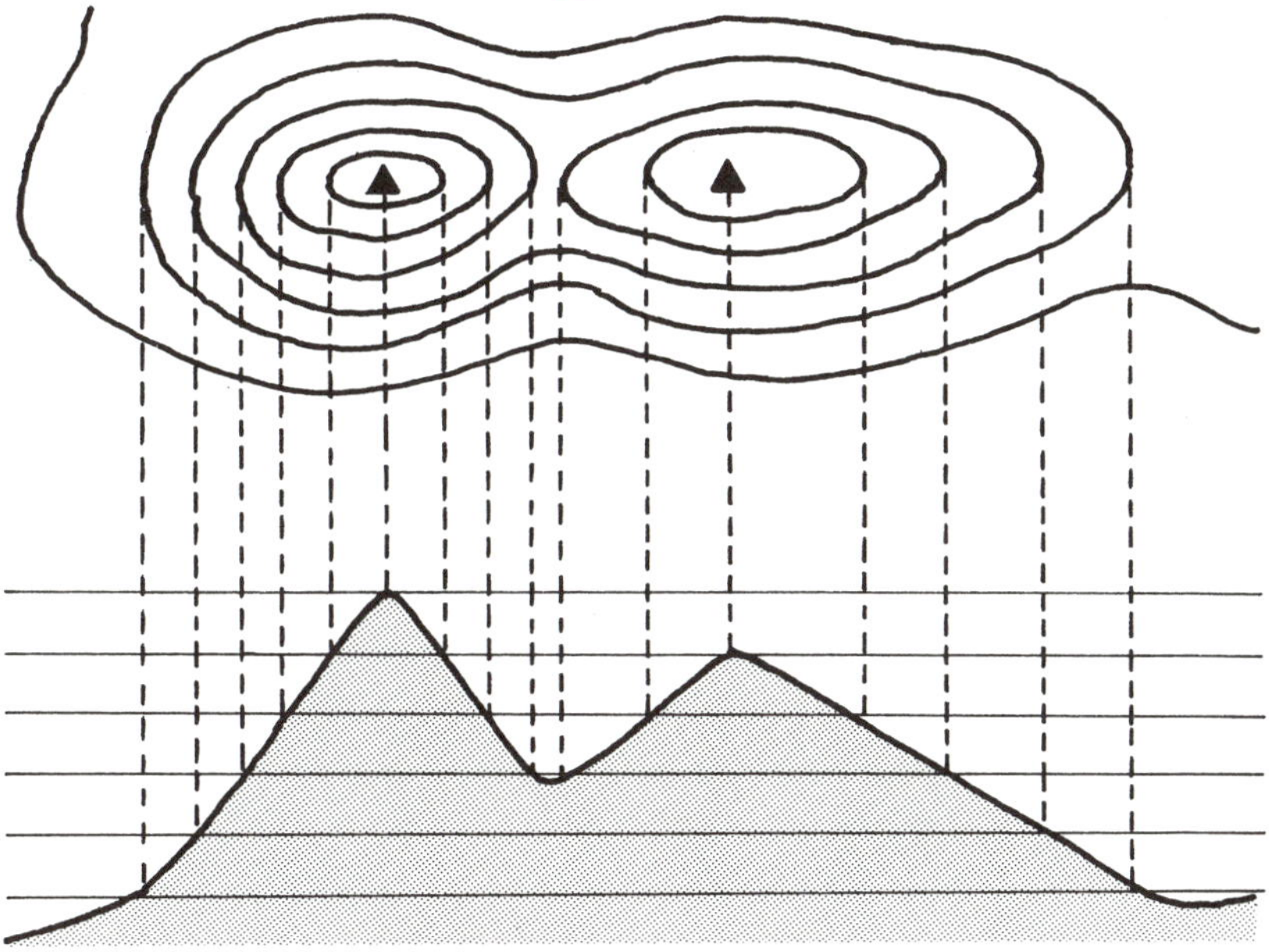

等高線と山の傾斜

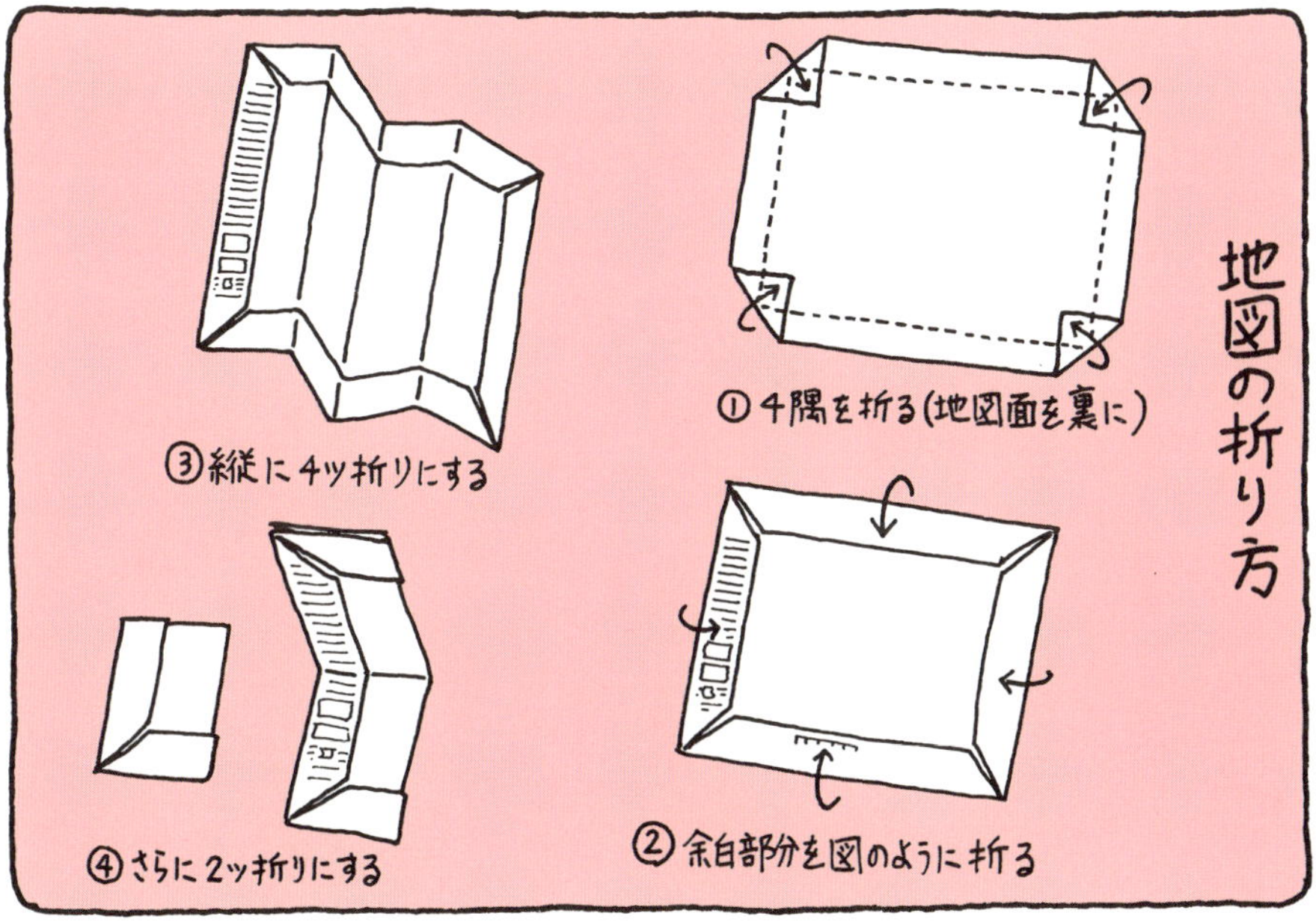
地図の折り方
①4隅を折る(地図面を裏に)
②余白部分を図のように折る
③縦に4ツ折りにする
④さらに2ツ折りにする

二万五千分の一の地図のポイント

正確には『二万五千分の一地形図』といいます。地図の上が北、右が東、下が南、左が西と決まっています。

「磁石の北・磁北極」は「実際（地図）の北・地軸の北」より西へ4～10度傾いています。この傾きを偏差といい、地図の記号下に表示してあります。遠い山を同定(遠くに望見できる山の名前を確認)するときには注意が必要ですが、実際は偏差の意味を理解し補正の習慣があればあまり神経質になることはありません。

地図上の2センチメートルは、実際の500メートルです。

（2㎝×25000＝500ｍ）

●傾斜地の場合

例●水平距離500ｍ
●標高差　200ｍ

ピタゴラスの定理から539メートルと算出されますが、山道の曲折を考えますと実際に歩く距離はさらに長くなります。

等高線の間隔は10メートル（主曲線）で、5本ごと（50メートル間隔）に太く表示されています(計曲線)。等高線の間隔はせまいほど急傾斜となり、ゆるやかになるほど広がります。

尾根と谷の地形は等高線によって表現されます。尾根（稜線）は等高線が凸形にふくらみをもち、谷(沢)は凹形にへこんでいます。

尾根線と谷線は隣り合って並んでいますので、尾根線、谷線に青、赤で着色すると尾根、谷の概念が理解しやすく、なれてくると地形や山容が読みとれるようになります。

三角点は地図を作製する測量のための石柱で、見晴らしの良い山頂に設置され、地図上では標高を示す記号（石柱自体に山名の表示はありません）です。山頂の三角点を確認できれば、間違いなく地図上の同一地点に立ったことになります。

五万分の一の地図1枚は二万五千分の一地図4枚に相当します。(距離は2倍、面積は4倍です)

地図は折りたたんで持ちやすく

地図は個人個々で持つもので、グループ単位や人まかせにしてはいけません。地図はそのままですと持ち歩きに不便ですので折りたたみます。

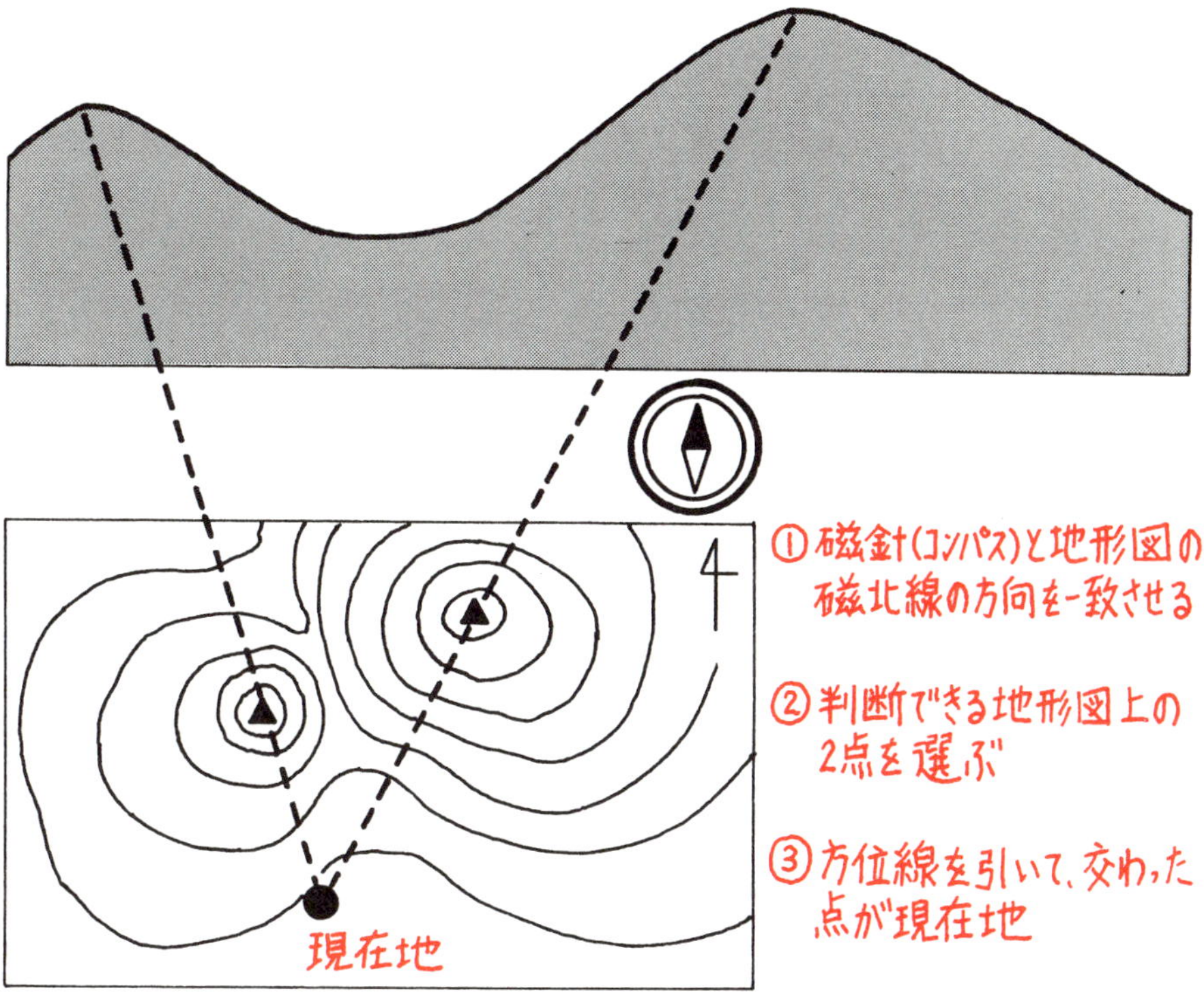
現在地の確認は2点を調べる
①磁針(コンパス)と地形図の磁北線の方向を一致させる
②判断できる地形図上の2点を選ぶ
③方位線を引いて、交わった点が現在地

山行中は防水のマップケースやビニール袋にコンパス・筆記具とともに入れておき、いつでも取り出せる状態にしておきます。

行動中あるいは休憩時に、周辺の地形などから地図上の現在地点をチェックし、通過時刻や状況などを記入します。

地図上で自分の位置を確認しよう

地図上で自分の位置を確認する方法として、晴れている場合は地図を方位方向に固定し、方向の異なる目標物2点への見通し線2本を求め、その交点が現在地となります。夜間、霧などの場合は目標物が見えませんので、前述の地図に記入された行動記録を元に周囲の状況等から推定判断することになります。

山のルールとマナー

山ではお互いに気持ちよく登山ができるように、昔からのルールがあります。うっかりしがちですが、家を一歩でたときからルールが始まっています。

都会ではきちんとした社会生活をされている方でも山に入ると解放感からか、ちょっと眉をひそめたくなることがあります。特にグループで行動されている方の中には、ご自分のグループのことしか考えていないはた迷惑なケースも見受けられます。

山歩きには他のスポーツのように明文化されたルールはありません。それだけに守るべきマナーを守り育てていくことが大切です。皆で快適な山歩きを楽しむための約束事として理解してください。また、自然に対するマナーも心得て、いたずらに自然を傷めることがないように心がけましょう。

山歩きで最も基本になることは行動、気持ちともに『自分のことは自分で』です。この気持ちがないと結果として他人に迷惑を及ぼすことになります。

●駅で、車中で……

座席の確保は譲り合う気持ちも忘れずに、座席の一人占めは見苦しいものです。また、ザックを無造作に放置しないことです。

混んだ車内で立つときは、ザックは背負わずに足元や網棚に置きます。座席に座ったら膝にのせるようにしましょう。大声談笑や宴会、高吟、放歌も慎むべきです。

▲どんな道でも一列で歩く

●アプローチで……

マイカーは林地に乗り入れないで、必ず駐車スペースに入れましょう。

また、林道など広い道でも、道幅いっぱいに広がって歩かないで、他のパーティーが追い越せる余裕をみて歩きましょう。

山道では登りが優先

●山道で……

山でのあいさつは気持ちのよいものですが、混んでいるときや大きなパーティーとのすれちがいではトップとトップがあいさつすればあとは目礼程度でよいと思います。「コンニチワ」の連発大合唱はかえって疲れてしまいます。

山道の「登り下り」では登りが優先します。ただし、下りの人数が多かったり、重荷で待機しにくいような場合などは登りの人が待ちます。このように状況に応じた臨機応変な対応が必要です。

また、待機では、追い越されるときも同じですが、足場の良い山側で待ちます。谷側は通過者のザックが当たったりして転落の危険があります。

植生を踏み荒らすと、山肌についた幾条もの道は容易には復元し

休憩をとるときは
通過する人のことを考えて…
植生を傷めないよう

ません。登山道を外さないように歩きましょう。最近では植生保護のためにロープを張ってある所も増えてしまいました。とても残念なことです。

●小休止、大休止で……

ザックを置く場所、腰をおろす場所にも注意し植物を傷めないような配慮もします。

道端で休憩をとるときは通過する人のために通りやすく道が開けてあるかを確めてください。無意識に荷物を広げたり、足を投げ出したりしていることがありますので注意しましょう。

トイレは自然の欲求ですので、我慢をしないで用をすませましょう。女性は遠慮がちになりますが、臆しないでリーダーに適当な場所を指示してもらいます。

休憩タイムは決められた休憩時間内に手際よく用事を済ませ、出発合図に遅れることがないようにします。

●ゴミ・吸殻の持ち帰り……

山行には必ず防水のゴミ袋を用意します。果物、野菜は皮をむいて持参するなどゴミを出さない工夫をしましょう。また、煙草の吸殻は山火事防止のためにも携帯用の灰皿を持参します。

●山小屋で……

限られた狭い空間で登山シーズンでは混雑からいろいろな悪条件が重なります。効率よく荷物を整理し、気持ちよくスペースを譲り合います。

また、山小屋の水は大変貴重ですので大切に使いましょう。自炊場は皆で使う場所ですので、手早い作業を心がけましょう。

知っておきたい山岳用語

ここでは山のガイドブックや実際の山歩きでよく使われる山岳用語を集めてみました。山歩きをしながらいろいろ確かめてみましょう。

【山行（さんこう）】
入山から下山までの登山行為

【パーティー】
同じ山行を実行するために組まれたグループ・集団

【チーフ・リーダー】
パーティーの指揮、統率者

【サブ・リーダー】
チーフ・リーダーの補佐役

【アプローチ】
登山口までの道程

【ピークハンター】
山頂に立つことを目的とした登り方をする人

【縦走】
尾根、稜線づたいの山歩き

【巻き道】
稜線をたどらずに山腹を巻いた道

【トラバース】
斜面、岩場、雪渓などを横切ること

【沢登り】
沢づたいに登高すること

【高まき】
悪場を避けて迂回すること

【へつり】
岩場のトラバース

【パッキング】
ザックに山用具を詰めること

【フォースト・ビバーク（不時露営）】
予定外に山中での夜明かしを強いられること

【尾根・稜線】
谷に対して峰から峰への連なり。支尾根、主尾根

【馬の背】
尾根の形状を称していう
【肩】
山頂から一段下がった比較的平らな尾根の一部
【コル（鞍部）】
稜線のピークとピークの間の低くなった所
【キレット（切戸）】
稜線が大きく切れ落ちている所
【岩場】
山の中で岩だけで構成されている部分
【ガレ場】
崩れた岩石、岩屑が不安定に積み重なっている場所

【出合い】
谷や沢の合流点
【ゴーロ】
沢筋で石がごろごろしている所

【ゴルジュ】
沢筋で深く切り立った両岸がせまった所
【滑床（なめどこ）】
比較的緩い斜度の岩盤、大岩に沢の流れがある所
【F1、F2】
Fは滝の略、F1はその沢で1番目の滝を意味します

【雪渓】
谷筋、沢筋に残った残雪

【雪田】
標高の高い山腹や稜線直下などに残った残雪
【草つき】
沢のツメや岩場などで草の生えた所

【カヤト】
茅におおわれた山稜、山腹

【湿原・湿地帯】
水分の多い草原で、野地ともいう

【森林限界】
その山で森林が分布する標高の限界

【鎖場】
岩場などで安全のために鎖が設置されている所。ロープの場合もある

【桟道】
崖の中腹に木などで工作した道

【木道】
湿地などで木を敷いて作った道

【右岸・左岸】
川、沢で上流から下流を見て、右側が右岸、左側が左岸

【渡渉】
川、沢で流れに直接入って渡ること

【お花畑】
高山植物が自然に群生している場所

【高層湿原】
標高の高い位置にある湿原

第4章 山での行動

いよいよ山へ出発

前日は、早めに荷物のチェックをすましてぐっすり眠りましょう。当日は少し早めに起きて、体をリラックスさせ、集合時間より少し早めに行きます。

さあ、出発！ 山ふところへ

いよいよ山歩きの計画を実行に移す日が近づいて来ました。

山行前の体力づくりといっても山行直前までのトレーニングはかえって消耗してしまいますので、軽い調整程度にして十分英気を養いましょう。

山に登ろうという人で、また中高年で朝が弱いという人は少ないと思いますが、日ごろ朝に弱い人は山歩きの日程が近くなってから、急に朝型に切り替えても体調が思うように整いません。

日ごろから朝型に切り替えて、朝早く起きるだけではなくて、起きてから軽いウオーキングなど、体が「歩く体調」にすぐになるように心がけておきましょう。

出発の事前心得をもう一度確認すると……。

❶持参する装備と計画書の装備リストと照らし合わせ、機能もチェックしておきます。

❷前日の睡眠は十分にとり、飲酒もほどほどにしておきます。

❸山行地の天気予報を聞いておきましょう（その地方の市外局番＋177）。天候が不安な場合の対処方法や連絡方法をあらかじめ決めておきます。

❹もう一度、食料の調整（弁当つくり）と下ごしらえ（山でごみを出さないために）、行動食、非常食のチェックをします。

❺家族、同僚へ山行予定を説明（計画書を渡す）しておきます。

★　★

山行日当日、パーティーが集合したあとの行動は節度を保ちましょう。よく、登山の支度をして大声で話をしたり、高笑い、車内の席とり……など、粗野な行動の目立つパーティーがあります。

「人に迷惑をかけてはならない」のは、山に出かけるときばかりではありませんが、人が集まるところでは、まず、心に留めておくべきではないでしょうか。

前日の睡眠は十分に
装備と計画書の装備リストを照らし合わせる
Check!
カロリーメイト
チョコレート
もう一度、食料の調整
非常食などのチェック
その地方の天気予報も
電話で聞いておこう
山行予定を説明

歩くぞという気持ちが大切

歩き始める前は、準備体操で十分に体をほぐします。お互いにザックや服装の点検を行い、本人が気がつかないことをチェックし合って直します。

歩き始める前にもう一度確認

歩き始める前に身仕度、荷物をチェックします。

【ウエアー】

歩き始めると体温が急に上昇するので、少し寒いぐらいの準備がよいでしょう。

【靴】

靴をはくときに、靴下のしわを十分に伸ばしてのばしてはき、マメができるのを防ぎます。

靴ひもは、登りでは少しゆるめに掛けて足首の屈伸を楽にしておきます。

下りは少々きつめにしっかり締めて、足首を守ります。

道がぬかるんでいるとわかっているときは、スパッツを装着します。

【ザック】

背負いバンドを調整して体にフィットさせます。そして、ウエストバンドも締めます。両手には杖以外の物を持たないようにしましょう。

手に物を持つと疲れやすいばかりでなく、つまずいたときにバランスが取りにくく危険です。

【準備体操】

出発の準備が整ったら、体をほぐし、筋を伸ばすなど準備体操をします。これから歩くぞという気持ちにもっていきます。

【隊列を組む】

山に入ったらパーティーは思い思いに歩くのではなく、決められた順番で隊列を組み、勝手に追い越したり列をくずしてたりしてはいけません。

列の先頭はサブリーダーが務め、すぐ後ろに初心者あるいは体力のいちばん弱い人、また、荷の重い人が入ります。後ほど体力の強い人にします。

また、チーフリーダーは最後尾でパーティー全体を掌握します。

大人数の場合は、パーティーを5～6人ずつに分けてそれぞれにサブリーダーをつけます。

《靴》
下り
靴ひもきつめ
登り
靴ひもゆるめ
《ウエアー》
歩き始めると
体温が上昇するので
少し寒いぐらいの
ウエアーがよい
《ザック》
背負いバンドを調整し、
ウエストバンドを締める
サブリーダー
初心者
チーフリーダー
《隊列を組む》

上手な歩き方

山はただがむしゃらに歩くだけではだめです。ここでは、登りや下りの上手な歩き方。山でのいろいろなバリエーションでの上手な歩き方を取り上げます。

山歩きのポイント

山道は、登り、下りはもちろん、石ころ道やぬかるみ、やぶのなかの道など、平地では考えられないようないろいろなケースの道があります。

山でのいろいろな道の上手な歩き方を身につければ、より快適に山歩きを楽しむことができます。

★ ★

【基本的な歩き方】

まず、小さな歩幅でゆっくりとしたペースで歩きましょう。

呼吸は歩調に合わせてリズミカルにします。呼吸のコツは、『一歩で吸って、一歩で吐いて』あるいは『二度に分けて吸って、二度に分けて吐く』が基本です。どちらにするかは、自分に合った方法をとります。

足は振り子の感覚で自然な動きにしてください。着地は足裏全体で足場をしっかり確かめて置くようにします。街で歩くようにかかとで着地してつま先で蹴り進むとスリップしやすく、石をけとばすことがあるので危険です。

上体は軽い前傾ながら起こして歩きます。背中を丸めないようにしましょう。

登りの上手な歩き方

傾斜が急になるほど歩幅を小さくします。つま先を外に開きかげんすると体のバランスをくずさないで歩けます。

歩く早さ（ペース）も息の切れない程度に抑えます。

下りの上手な歩き方

下りはペースが上がりがちですが、登りと同様に傾斜が急になるほど歩幅を小さくして、ゆっくりと膝のバネを使い、足裏全体でリズミカルに歩きます。ドシドシと一歩ずつ体重の全部を足にかけた下り方は、疲れやすく膝を痛める

傾斜が急に
なるほど
歩幅を小さく
呼吸は歩調に合わせてリズミカルに
気をゆるめない
下りはゆっくりと
膝のバネを使って

原因にもなります。

下りは楽という先入観で気をゆるめると、歩き方が雑になり浮石に乗って転倒したり落石を出したりして危険です。また、疲労が重なったり、オーバーペースになると、途中で膝がガクガクになり、ひどいときは動けなくなってしまいます。

初心者は下りが楽だと思いがちですが、実は下りのほうが大変なのです。

しかし、慎重になりすぎて、あるいは怖がって腰が引けてしまうと、スリップの原因にもなります。こんなときのためにも、携帯用の杖を持っていると便利で心強いものです。「下り」は「登り」以上に慎重に行動しなければいけないことを、頭によく入れておきましょう。

ここからは、山歩きで出合ういろいろな道について取りあげてみましょう。

【山麓の道（アプローチ）】

最近は林道の奥まで車で入れる事が多く、アプローチを楽しむ（苦しむ？）機会が減ってきました。

それでも、低山歩きなどでは、畑道、山仕事の道、車道などの生活道が入り組んで迷いやすい所もあります。道の間違えに気づいても耕作地を横切るようなことは慎みましょう。果樹・山菜など農作物の失敬も論外です。

【樹林帯】

傾斜のきつい所が多く、眺望が得られず、夏の蒸し暑さは格別です。木の根が階段状に露出している所は、雨の日は滑りやすくなります。苔の上、落ち葉、土などの部分も同様で、特に下りでの注意が必要です。低山でも冬の北斜面では凍結している事があります。

同じ樹林帯でも、沢筋、山腹、尾根筋のルートがあり、樹相も標高によって異なってきます。そんな変化も樹林帯を歩く楽しみの一つです。

廃道、山（仕事）道、けもの道には迷い込まないように注意しましょう。

【尾根、稜線、カヤト原】

樹林帯を抜けると眺望が期待できる、稜線・山腹・ガレ場などにでます。広い斜面では道が何本もついている事が多いので、山にガスがかかってきたときなどは、迷わないように注意しましょう。

カヤト原やハイマツ帯では道が隠れてわかりにくい所もあります。

尾根歩きで最も注意しなければならないのは、天候の変化です。稜線上の風雨は横、下からも容赦なく吹きつけるので、瞬時に全身をぬらしてしまうので、急激な体温の低下をもたらし、夏でも凍死することさえあります。こんなときは早めに雨具をつけて、山小屋への避難など敏速な行動をとります。

岩尾根・ヤセ尾根は両側が落ち込んで急峻な斜面になっているので恐怖を感じるときがあります。あまり足元ばかりに神経を集中させず、10m位先を見る感じで確実に歩を進めましょう。

針金、ロープ、鎖、などが設置してあっても余り安易に頼らず、安全性をしっかり確かめた上で補助的に使います。

《山麓の道》
道を間違えても耕作地を横切るようなことは慎む
《樹林帯》
夏の蒸し暑さは格別、
特に下りでは滑りやすく要注意、
《尾根、稜線、カヤト原》最も注意しなければならないのは
天候の変化

「落石」にも気をつけましょう。もちろん、自分で「落石」を出さないように慎重な足運びも大切です。もし「落石」に気づいたり、自分で「落石」を出してしまったら大きな声で「ラクセキ！」と叫び周囲に知らせます。

「ラクセキ！」の声を聞いたら、直ぐに落ちてくる石を確かめ、素早くよける態勢をとります。状況によっては直ぐには動かないで、落ちて来る方向を充分に見極め逃げるようにします。リーダーの的確な指示があればよいのですが、離れているときなどは自分の判断で行動します。どんなときでも「落石」から目を離してはいけません。

★　★

尾根と尾根の最高点である山頂に到達すると、そこでしか得られない素晴らしい眺望があります。

【岩場・鎖場】

本格的な岩登りを目指していなくとも、コースの途中や頂上付近が岩場・鎖場になっていることもありますので、安全に要領よく通過できる岩登りの基本を体で覚えておきましょう。

●**三点支持（三点確保）**……岩場での最も基本の動作です。両手両足の四点で体を支持している状態から、片手または片足の一点だけを動かし次の支持点を探し決める動作です。三点が支持されているので安全が確保されているということです。これはどんなときでも、同時に二点以上を離しては危険だということを意味しています。

●**岩から体を離す**……初心者は慣れないと岩にしがみついてしまいますが、重心が岩にかからず危険です。三点支持で確保されていれば安全ですので岩から体を離します。ホールド（手がかり）やスタンス（足がかり）は上から押さえるような感じで支点にし、次のホールドは目の高さ、スタンスは膝の高さくらいから探します。あまり大きな動作は体勢を崩し危険ですので、安定したバランスでリズミカルに進むことが大切です。

岩場の下りは登りに比べはるかに難しくなりますが、岩に対しては登りと同じ姿勢で下ります。岩に背中を向けた下り方はとても危険です。

岩場のはしごも同じ要領ですが、木製はしごのときは折れる心配もありますので桟の真ん中には乗らないようにします。

もし「落石」に気づいたり、
自分で「落石」を出したら
大声で知らせる
ラクセキ！
《三点支持》
片手または片足の1点だけ動かし
支持点を探す

【ガレ場】

崩れた岩石、岩くずが不安定に積み重なっている斜面で「ざく」ともいいます。歩きにくく、踏み跡もつきにくいのですが、よく歩かれる所は白くなっていることが多い所です。ガスが出ているときは要注意ですが、ケルンが積んであれば目印になります。

ガレ場は登りより下りに問題が多く、一歩一歩踏みしめるように通過します。下りは特に「浮石」の上を歩くような状態になりますので、足裏の真ん中に重心がくるように慎重に足を運びます。

また、「落石」が多く発生しやすい場所ですので、特に気をつけなければなりません。

【雪渓、雪田】

ここでは「岩場」の項と同様に一般コースの中で体験する雪渓について、基本的なレベルでの話ですので、コースから外れたり、バリエーションルートに迷い込まないよう充分に注意します。

岩場と同様に技術的には登るより下るほうが難しいコースです。初心者が雪渓に入るのはその山の「山開き」以降でコースが整備された夏場に限ります。しかし、残雪期はブロック雪崩の危険が残っていますし、梅雨明け前は落石が多く山が安定していないので細心の注意が必要です。

▲ガレ場(北アルプス・立山)

そして、秋に入るとクレパスが増え雪渓の上は危険で歩けなくなります。

●登り・平らのとき

登山者の多い夏山では、雪渓の表面に踏み跡ができて歩きやすい状態になっていることが多く、踏み跡が消えかけてもスプーンカットといわれる凹地ができるので、その凹地を利用します。しかし、雪渓の状態は刻々と変化しています。踏み跡とはいえ安心はできません。足裏全体をフラットに置き、一歩ずつ確かめながら体重をのせて進みます。傾斜が出てきたらつま先を雪面に蹴り込んで登ります（キックステップといいます）。

●下りのとき

下りはかかとを蹴り込みます。斜度がきついようであれば4本爪又は6本爪の軽アイゼンをはきます。アイゼンをつけての歩き方は

ガレ場は、よく歩かれる所が
白くなっている
夏山の雪渓は踏み跡が消え
かけていても、スプーンカットと
いわれる凹地ができるので
そこを利用して歩く

雪面に対して足裏全体をフラットに置き、爪を被服に引っ掛け転倒しないようガニ股で歩きます。

雪渓上での転倒は滑落事故の元になりますので、安全と安心のために杖を用意しバランスよく歩きましょう。

★　★

雪渓上で特に注意しなければならないのは「落石」です。霧の中で雪の上を音もなく落ちてくることもありますので、気を抜かずに上方の監視を続けます。特に休憩をとる場所は絶対に「落石」がこない所を選びます。「落石」の対処方については『尾根、稜線、カヤト原』の項を参照して下さい。

濃霧などでルートがわからないときは引き返します。間違って枝沢などに入り込むと取り返しのつかない事になってしまいます。

【沢、渡渉】

「沢歩き」は登山の中でも「沢歩き」だけで一つのジャンルとしてとらえられるほど奥が深く、本格的な沢登りは、悪条件下でのルートファンディング、岩登りの技術など総合的な登山知識と経験や沢登り用の用具が必要となります。

中高年初心者が山歩きを「沢歩き」から始めるのは無理があり危険です。

一般コースに使われる沢筋の道では、鎖り場程度の難場はあっても特別な技術や用具を必要とはしません。もし使わなければ越えられないといった状況であれば、もはや一般コースとはいえませんので引き返すべきです。台風や大雨でコースが荒らされるといったこともあり得るからです。

沢の中で気をつける点は次の通りです。

▲丸木橋や吊り橋は安全をよく確かめる

・降雨による増水に注意し退避路を考えておきます。

・丸木橋、吊り橋は安全をよく確かめて、渡るときは一人ずつ間をおきリズミカルに歩きます。

・飛び石に岩の上を歩くときは、苔のついたぬれた岩は滑りやすいので注意します。

・まき道のある所は積極的に利用します。

★　★

渡渉は沢の状況をよく確かめてから実行します。降雨後の増水時はいさぎよく撤退しましょう。

渡渉点は、下流に滝などの障害が無く見通しがきくところで、川幅が広く、流れがゆるく、底が見える膝位までの深さが適当（安全圏）です。

渡渉の方法は、上流から対岸のやや下流方向に向かって流れに逆らわず、足を上げずに沢底をゆっくりするようにして進みます。

【ヤブこぎ】

あえて道の無いコースを歩くという意味での「ヤブこぎ」は「岩登り」「沢登り」と同様に初心者が最初に選ぶべきコースではありません。

「ヤブこぎ」自体の技術的、体力的な問題とともに、ルートファン

《ヤブこぎ》
長袖シャツ、長ズボン、
軍手で身を包む
枝が跳ねてくるので、手渡しで
進むか、少し離れて進む
コースの確認も大切

ディング、コースどり、状況判断といった要素が大切になるからです。

一般コースで道の無いヤブこぎをすることはありませんが、道の手入れが不十分であったり、道を間違えたりでヤブこぎを強いられる事もあります。

ヤブこぎの注意としては、

❶肌を傷つけやすいので丈夫な長袖シャツ、長ズボン、軍手で身を包みます。すぐに使わないものは全部ザックの中にしまい込むなど、支度をしっかり整えます。

❷前を歩く人の離した枝が跳ねてくるので、手渡しで進むか少々離れて当たらないように歩きます。

❸見通しが悪いのでメンバーが散らないように絶えず注意しながら進みます。コースの確認も大切です。

上手な休憩のとり方

休憩の取り方しだいで、体力の消耗度がかなり違ってきます。ここでは上手な休憩の取り方と安全な休憩場所の選び方です。

歩き始めは20～30分後に休憩を

山歩きの理想的な力配分は、『登りで三分の一、下りで三分の一、あとの三分の一は余力で残しておく』、といわれています。

余力を残す歩き方は、余力を残す休憩のとり方でもあります。

それぞれの人が勝手に疲れたからとバラバラに休みだしたら、パーティーとしての収拾がつかなくなります。山歩きの休憩は、個々に疲れ方の差があっても、パーティーとしての行動になります。

休憩のとり方にはいくつかの方法がありますが、パーティー、コース、天候など、そのときの状況によって臨機応変にとります。立ったままで3分間の小休止もあれば、お茶を沸かして1時間の食事休憩もあります。

標準的な休憩のとり方は次の通りです。

●歩き始めは20～30分後に最初の休憩をいれます。特に最初の休憩はチェック、調整の意味が大きいので念入りに手早く次の順序でします。

❶身体の調子はどうか（良くない場合は下山も考慮）
❷衣服（暑、寒）の調整
❸パッキングの調整
❹背負いバンドの調整
❺靴、靴ひものチェック

などです。

また、出発まぎわになって脱いだ上着のパッキングを忘れていたりすることもよくあります。こんなときは、出発が遅れたりするので、要領よく用事を先にすませましょう。

最初の休憩をとる場所は、道脇でもパーティー全員がそろえる所にします。落石などの心配な崖下を避け安全を確認します。他のパーティーが通れるスペースをあけ、足や荷物を出さないように注意しましょう。最初から長い時間休むと、調子がでませんので5～10分くらいの休憩が適当です。

歩き始めは20~30分後に最初の休憩をいれる

①身体の調子はどうか
②衣服の調整
③パッキングの調整
④背負いバンドの調整
⑤靴、靴ひものチェック

途中の休憩は50～60分ごとに

いよいよ本格的に歩き始めますが、オーダーは前述の通り先頭の次に体力の弱い人から順に並びます。トップはメンバーの調子を見ながらペースをつくっていきます。

急登で息を切らせ遅れ気味の人がでたら列を止め、道の脇で立ったまま大きく深呼吸し息を整えさせます。呼吸が落ち着いたら歩き始めます。

途中の休憩は50～60分に1回、5～10分間くらいの休みにします。

休憩場所は安全な所を選び、吹きさらしの狭い稜線や落石の心配や足元の悪いガレ場を避けます。

★　★

休憩に入ったらダラダラしないで、するべき事を手早くすませ効率よく体を休ませます。

●軽く肩を回して血行をよくする
●水分、カロリーの補給
●次の行程のチェック
●現在地の確認、行動の記録

そして、最初の休憩と同様に体調・衣服・パッキング・靴、靴ひものチェックも合わせてします。

食事などで大休止をとるときは、景色がよく、適当なスペースのとれる場所を前もって計画段階に考えておきます。

食事の時間は日常の習慣にとらわれず、朝からの行動時間で調整します。胃の負担を考え食事を数回に分けてもよいでしょう。

飲料水は限られた量ですので時間をゆっくりかけて一度にたくさん飲まないように気をつけます。

休憩地を離れるときは、ゴミ、たばこのすいがらを残さず全部持ち帰ります。特にすいがらは山火事の原因になりますので、喫煙家は携帯用の灰皿を持参します。

▲見晴らしのよい所で休憩

《途中の休憩は50〜60分ごとに5〜10分間》

水分、カロリーの補給

軽く肩を回して血行をよくする

現在地の確認、
行動の記録

次の行程のチェック

山小屋の利用法

1日の行程の終わりです。疲れて到着している人もたくさんいます。他の登山客に迷惑をかけないようにしましょう。

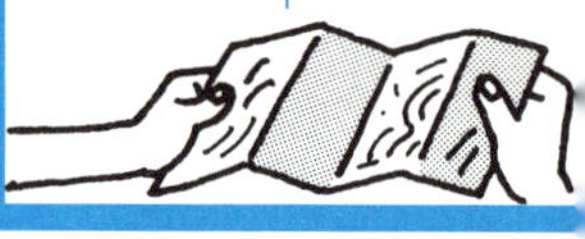

山小屋には独特の約束事がある

ドラマチックな夕焼けや満天の星空、荘厳な日の出などは山に泊まってこそ味わえる感激です。

便利になったとはいえ、山小屋はきわめて制約条件が多い立地の宿泊施設です。下界の宿とは違った山小屋独特の約束ごとがありますので、上手に使って快適な山旅にしたいものです。

★　★

【無人小屋】

管理人が常住していない山小屋の利用は、寝袋など山での生活用品、食料のすべてを持参しなければなりません。

利用するときは事前に管理者の許可を得ます。避難などで事前許可を得ないで利用したときは事後連絡とし、有料の場合は代金を支払います。

利用者全員が「お互いさま」の気持ちをもち、努めて快適な一夜にする工夫が大切です。

【営業小屋】

営業小屋は、季節営業、食事の有無など、さまざまなタイプがありますので利用に際しては事前の確認が必要です。シーズン中で混雑が予想されるときや個室を希望するときは予約を入れておきます。

標準的な山小屋に食事付で泊まる手順は以下の通りです。

❶到着したらまず受付の手続きをします。翌朝の混みぐあいによっては朝食を弁当にしてもらう事も頭に入れておきます。

❷靴、雨具は間違われる事が多いのでしっかりと名前を書いておきます。

❸寝る場所は相部屋になることも多いので譲り合い、荷物を散らかさないようにします。

❹枕もとにはヘッドランプなどを用意して寝ます。

❺消灯後のボソボソ声はとても気になりますので慎みます。早朝の出発も同様に静かに手早く準備します。

営業小屋の利用法

弁当
①翌朝の朝食は弁当にしてもらうことも…
TSUCHIYA
TSUCHIYA
②靴、雨具には名前を書いておく
③相部屋では譲り合い、荷物を散らかさないように
④枕もとにはヘッドランプなどを
ボソボソ
⑤消灯後のボソボソ声は慎む

写真を撮ろう

山の素晴らしさは、記録に残しておきたいものです。カメラを構えてただ撮ればいいというものではありません。構図のとり方にもコツがあります。

山に持って行くカメラとしてもっとも一般的なのは、コンパクトカメラと、レンズ付フィルム（俗に使い捨てカメラと呼ばれるもの）です。小さいうえに軽くて携帯に便利だからです。そんなカメラでは良い写真を撮れないなどといわずに、ちょっとしたテクニックを知っておいてください。高くて重いカメラでなくても、良い写真を撮ることはできるのです。

簡単確実に良い写真を撮るコツ

山に登って素晴らしい光景を目の前にすれば、だれでも写真の一枚や二枚は撮りたくなるはずです。それが朝日に輝くピークであったり、雲海から姿をのぞかせた神秘的な峰嶺であったりしたら、無我夢中でシャッターを切ってしまうことでしょう。でも、そんな写真にかぎってなかなかうまく撮れません。なぜでしょう。

これは写真に撮っておきたいなと思うようなときは、得てして撮影条件が難しいときだからです。太陽の光が極端に斜めから差し込んでいてカメラが露出を決めにくかったり、光量が少なくてカメラのシャッターが低速度で切れてしまうことが多いからです。

では、どうすればこんなときに失敗のない写真が撮れるのでしょうか。まず、標準より少し高い感度のＩＳＯ２００から４００ぐらいのフィルムを使うことです。そうすればシャッタースピードが自動的に速くなり、手ブレが防げるからです。

また、コンパクトな三脚を一つ持っていけば、素晴らしい雲海の写真を撮ったり、パーティー全員の集合写真も撮れます。

▲上高地から見た穂高岳

こういう山にすると
ドッシリ安定感が出る
よく撮ってしまうのは、こんな
写真。画面の中心にくる
とつまらない
山が貧弱に

撮る前にちょっと待って

写真はどんなテーマのものでもいえることなのですが、画面の中央に被写体の中心がきてしまうと、つまらないものになってしまうとよくいわれます。特に山の場合は、そのバランスのとりかたしだいではまったく違う印象の山になってしまうこともあるのです。

そしてシャッターを切る前に、一度ゆっくりと画面の四隅を見てください。写真の雰囲気をじゃましてしまうような木の枝が画面に入っていませんか。集合の記念写真ならば、ぎりぎりのフレームはやめて四隅にゆとりをもたせて、プリントのときに切れないようにしましょう。

山での危険

山では予期せぬ危険に遭遇します。計画を実行するより安全が第一です。山では引き返す「勇気」も大切ということを忘れないようにしましょう。

計画の遂行より安全が第一

安全で快適な「山歩き」を楽しむには天候に恵まれる事が大きな条件になりますが、社会人の余暇としての「山歩き」は計画、予定にこだわらざるを得ない一面を持っています。

余裕をもった計画であれば天候待ちもできますが、なかなか思うようにはいきません。

それだけに、意識としてしっかり持つべきは、自分の都合としての「計画、予定」は山に入ったら二の次で「安全」が最優先するということを肝に銘じておくべきだということです。

山歩きに天候の変化はつきものです。大切な事はその変化に対していかに適切に対応できるかということでもあります。

何か問題あれば、日帰りならば中止、山中で出発前であれば停滞ということになります。

行動中の判断はさらに冷静さが求められます。前進か、後退か、停滞か、避難か…。現在の天候の状態、これからの予測、その天候下での山の状態、コースの状態、パーティーの状態、装備の状態などから、いちばん安全に余裕を持った行動がとれる方法を総合的に判断します。

それが、風・雨・みぞれ・雪が伴うようであればなおさらのことです。とにかく無理は禁物です。

危険のときの対処法

【道に迷う】

正しいと思って歩いていた道がきゅうに行き止まりになっていたり、方角的におかしいと思ったら周辺の地形をよく観察し、地図で現在地を確認します。

地図にのっていない道であれば、けもの道や森林作業道などに迷い込んでいることも考えられます。あわてずに、慎重に、忠実に今来た道を道標などで確認できるとこ

今来た道を道標などで確認できるところまで戻る

道を完全に見失ったら、体力のある経験者が尾根に向かい、登山道を発見する

ろまで戻るのが正解です。

道を完全に見失い現在地がわからなくなったら全員では動き回らず、体力のある経験者が尾根に向かって登山道の発見に努めます。どんなことがあっても谷へ向かって降りてはいけません、事態を悪化させるだけです。

河原やガレ場で迷ったときは、よく注意するとケルンやペンキ印を見つけることができます。

霧にまかれたら、あまり動き回らず晴れるのを待ちましょう。

【転倒・転落・滑落】

転倒の原因としては、歩き方に安定感がなかったり、ちょとした事でつまずいたり、不用意に石車や浮き石に乗ってしまう、ぬれた道でスリップ、といった事が挙げられます。特に頂上に立ったあと

の安堵感や疲労からか、下りでの転倒が多いようです。
転倒は、転落事故、滑落事故の誘因ともなりますので、山道をいかにバランスよく転ばないで歩くことが求められます。
傾斜のある、雪渓、岩場、ガレ場、草つきの下りでは、技術的には登るよりも難しいので、より慎重に通過します。腰が引けてしゃがんだり、斜面にお尻つけて下るのは大変危険です。
斜度のより急な岩場では、体を岩に向け三点確保でゆっくり下ります。雪渓で軽アイゼンを使うときには、杖を併用すると安全性が増します。

【落石】
ジグザグ登山道、崖、ガレ場、岩場、雪渓など、どんな所でも岩

落石に気づいたら
すぐに大声で知らせる
ラクセキ

があって斜面があればどこにでも落石の可能性はあります。

　絶えず上方を注意し、気づいたらすぐに「ラクッ」「ラクセキ」と大声で周囲や下方に知らせます。

　それぞれの人は自分自身で落石を確認し落石から目を離さずに避難の態勢をとり、うずくまったり、むやみやたらに背を向けて逃げ出さないことです。落ちてくる方向をよく確かめて身をかわします。

　自分で落としてしまったときも、すぐに「ラクッ」「ラクセキ」と大声で下方に知らせます。

【予定時間オーバー・日没】

　通常、山での行動時間帯は早朝の夜明け前後から午後の夕方になる前までです。

　計画の段階でも午後の2時、3時、どんなに遅くとも4時までには目的地に到着するように予定を組みます。秋から冬にかけてはもっと早い時刻になります。

しかし、不調者がでたり、難場で思わぬ時間を食ったり、天候待ちなどで予定の時刻に目的地に到着できず、途中で日が暮れてしまうこともあります。

そんな時間まで行動した日は疲労もたまり、しかも暗い中では行動力も判断力も著しく低下しています。

目的地までの距離が短く道がはっきりわかっていて安全ならば、落ち着いて先へ進みますが、現在地がつかめずルートに不安を感じたり、疲労の激しいメンバーがいれば早めにビバーク（フォーストビバーク・不時露営）を決断し実行します。

【疲労】

日常生活ではまとまって1時間も歩かない人がいきなり山道を数時間も歩き続ければ肉体ばかりでなく緊張感からの疲労も重なり、行動や注意力が散漫になってしまいます。山歩きでは、疲労が高じると事故の原因になります。

山での疲労を軽減し、より快適な山歩きを楽しむには常日ごろからの体力づくりと、山行日直前のスケジュール調整がポイントです。

できるだけ夜行列車や深夜出発は避け、夜遅くとも前日のうちに山麓、登山口まできて十分な休養と睡眠をとっておきましょう。

【フォーストビバーク（不時露営）】

不測の事態で幕営用具を持たずに山中で露営することをフォーストビバーク、簡略してビバークするといいます。

ビバークは状況が悪化してからでは遅すぎるので、早めに決断して万全の設営をします。事を悪い方に考えると意気消沈しますので、努めて明るく励まし合います。

場所の選定は、稜線を避け、岩陰や樹林帯など風雨の影響を受けない所にします。ツエルトザックを吊り、乾いた衣類と雨具を着て、非常食を食べて落ち着きます。

ストーブを使うときは酸欠には十分の注意が必要です。また、厳しい寒さと疲労がなければ睡眠もとります。アルコール類は口にしてはいけません。

ツエルトザック、ビバークシート、マッチ、携帯燃料、使い捨てカイロ、非常食は、いつもビバーク用品として持ち歩きます。

①早急にすべき事は？
②自力救助の可能性は？
③山の状況は？
④パーティーの状態は？

【事故発生】

転落事故、落石事故などの事故に遭遇すると動転しパニック状態に陥ります。二重事故を防ぐためにもリーダーは毅然とした態度で落ち着くよう指示し、パーティー全員の安全を確保します。安全が確保されたら次の指示まで、その場で待機するように厳命します。

事故状況を確認すると、①早急にすべき事、②自力救助の可能性、③山の状況、④パーティーの状態を総合的に素早く判断し、実行に移します。現場が近く、負傷者の応急手当てができるときは最優先で行い、安全な場所へ移します。

自力での救出や捜索が無理との判断になったときは、一刻も早く連絡員を山小屋や山麓に出します。連絡員をだす余力が無いときは、近くの登山者に連絡を頼みます。

山から帰って

無事帰宅してもまだ終わったわけではありません。今回の山行のよかった点や反省点を記録し次回の山行に生かしましょう。用具の手入れも忘れずに…。

登山用具の手入れ

山から帰って来てからの登山用具の後始末は面倒に感じる事もありますが、手際よく片付けて次の山行に備えたいものです。

衣服のほころびや、とれたボタンなどは後になると忘れてしまい、次の山行になってあわてることがよくあります。

泥で汚れたり雨の中を歩いた登山靴は、水洗いし風通しの良い日陰で干します。靴の中に古新聞を丸めて入れ、こまめに取り替えると早く乾きます。

よく乾いたら保革油を擦り込んでおきます。ひなたやストーブの前で乾かすのは避けましょう。変形することがあります。

水筒は水を抜き、逆さに干し水気をよく切っておきます。ヘッドランプの電池も抜いておきましょう。

特に雨に濡れた山行の後は、ザック、雨具なども念入りに干して、カビが生えないようにします。

★　★

次の山行まで期間があるときは、時々取りだして手入れをします。

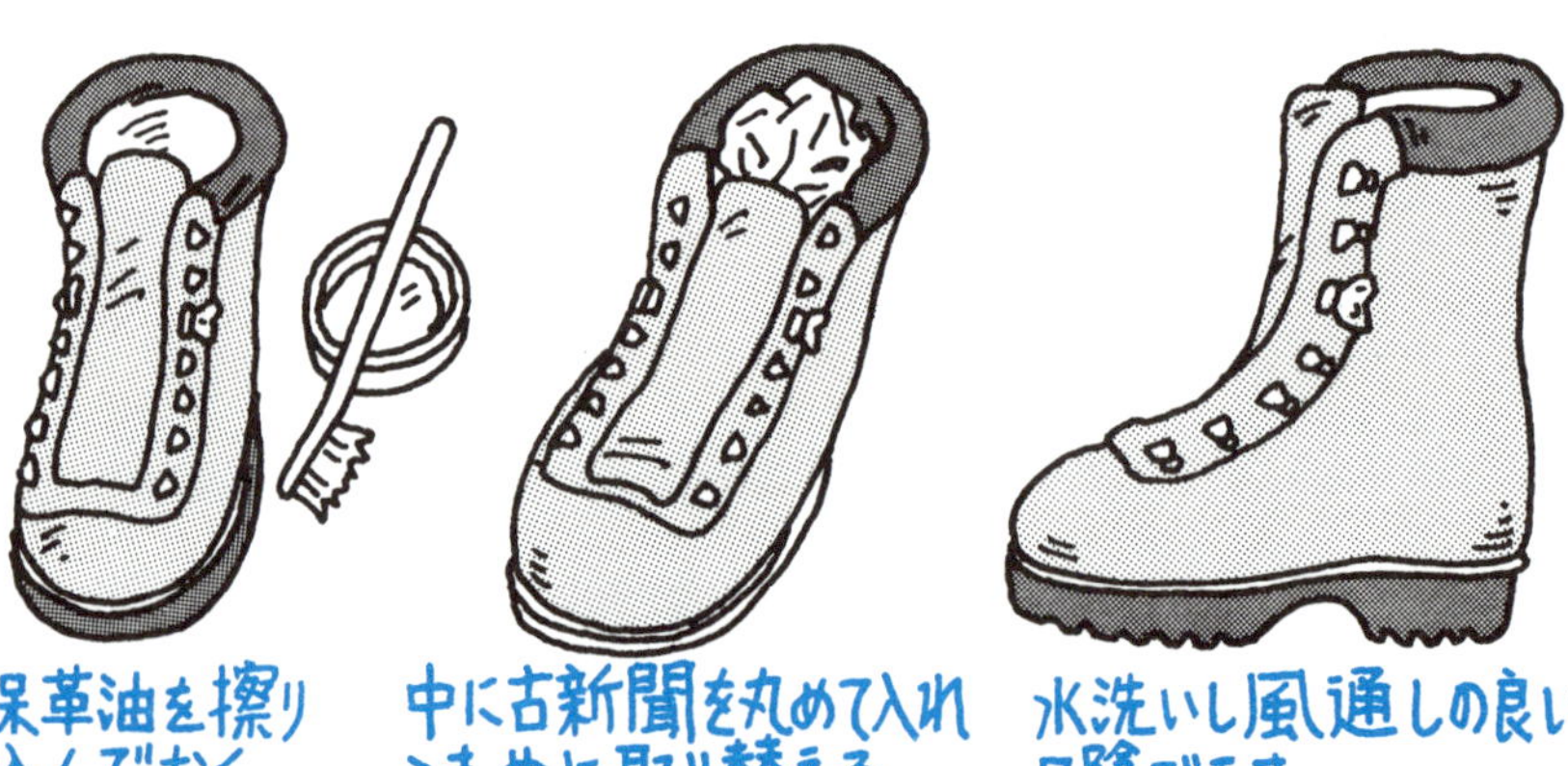

保革油を擦り込んでおく　　中に古新聞を丸めて入れこまめに取り替える　　水洗いし風通しの良い日陰で干す

記録の整理と保存

山歩きでは「計画立案」が大事なのと同じように「山行記録」のまとめも大切です。

年月日、天候、同行者、コース、コースタイム、山の様子、装備、食料、費用などの記録をベースにして、感想とともに整理します。写真、資料、事前に作製した山行計画書なども一緒にして「山行記録」としてまとめます。

山行の思い出をかたちとして残すばかりでなく、次回のあるいは、仲間の資料として有効に活用できるでしょう。

会であれば会報づくりの楽しみも増えます。

記録の整理と保存は、それこそ各人の好みで創意と工夫を凝らせたいところです。

その人の山への思いを込めた山行記録の綴りは、きっとタイトルにも凝りたくなります。

古い記録を読み返すたびにその日の山旅が鮮明によみがえり、新たな山歩きの糧となるに違いありません。

反省会の集い

山行が終わったら、余り日を経ずして反省会を開きましょう。
・計画に問題は無かったか？
・計画通りの山行であったか？
・期待通りの山行であったか？
・良かったこと、悪かったこと。
・技術的なこと、装備面、マナー。
・参加者の感想、反省。
など、ざっくばらんに語り合い、山における自分や自分たちの弱点を認識することも大切です。

慎重な行動、安全な山歩きを続けるためのチェックにもなるからです。そして、山についてさまざまな角度から語り合えるのもこんなときです。次の山行の話にも花が咲きます。山仲間としての絆も一層深まるに違いありません。

第5章 安全登山の心がけ

中高年登山の心がけ

中高年の登山の第一は、余裕のある安全登山です。計画段階では、いざというときのために目的のコースばかりではなく、エリア全体の把握も大切です。

現代生活の日常は、利便性の高い、快適なライフスタイルを当たり前のこととして享受しています。また一方では、様々なストレスのあふれる生活があります。そんな環境に置かれた現代人にとって、癒しの時間、自然志向、健康志向としての登山を考えられる方が増えてきました。

ただ、登山といっても様々なとらえ方があり、奥深くもあります。一歩間違えれば危険との背中合わせでさえあります。

登山の目的、在り方を短な言葉で表すことは困難ですが、私たち

中高年の登山は、どんな登山であっても余裕のある安全登山でなければなりません。

そして、安全登山は、計画を立てる時から始まっています。

計画がきちんとしたものでなければ、すでに危険要素が潜在していることになります。

登山計画立案の元となる資料はガイドブックや地図などです。

自分達が行こうとしているコースばかりではなく、そのエリア全体を把握しておくことが大切です。迷った時、途中下山を強いられたときなど、事前に調べておいたことが生きて、パニックにならずに済みます。

さらに、行程の所要時間は多めに見込んでおきましょう。登山地図、ガイドブックに記載されている所要時間は標準時間であり、休憩時間も含まれていません。同じコースでも、所要時間の個人差にはかなりの差があります。安全登山を考えれば、ガイドブックなどの表示時間の二割から五割増しの時間を見込んでおきたいものです。

朝はなるべく早い出発とし、遅くとも午後三時前には目的地に着ける計画を心がけます。逆をいえば、三時に着くためには、何時に出発したらよいかという計画の立て方です。さらに人の話はあくまでも参考とし、鵜呑みにしてはいけません。その人のキャリアに基づいた判断だからです。

登山計画……
地図
ガイドブック
マップ
所用時間
は多めに
出発！

健康・体調管理・持病

山歩きは、天候や環境の変化で潜在的な疾病を誘発することもあります。日頃の体力作りに気を配り、主治医のアドバイスを受けることも大切です。

健康と登山は、密接な関係を持っていることは、改めて言うまでもありません。

健康のための登山もありますし、健康だからこその登山とも言えます。健康づくり、健康増進の意味合いからも、登山は極めて有効な手段と目されています。

しかし、中高年ともなると、体力、運動能力、健康面の個人差は大きく、自分の体の状態を客観的に把握しておくことが大切です。

登山では気温や気圧など、天候や環境の変化はつきものです。

また、運動量の大きさによっては、疲労の蓄積など、思わぬ身体的なダメージも少なくありませんし、潜在的な疾病が誘発されることもあり得ます。

体調不良を押しての山行は論外ですが、行動中に具合が悪くなることも考えておかなければなりません。様々な持病、関節の故障など、中高年特有の身体的な問題は、普段気付かずにいても、登山中に発症する場合もあります。

安全登山の観点からも日常のトレーニングや、主治医のアドバイスを受けるなど、日頃からの心がけが大切です。

登山で健康であることが重要視されるポイントはいくつもあります。登山中に発症した場合、『緊急に専門的な処置を受けられず手遅れになる場合がある。同行者に迷惑をかける。同行パーティーを含め自力で対応できない。楽しい山行が台無しになる。』などです。

前述のとおり、普段からの心がけのほか、具体的な予防策として、山行前の過労は絶対禁物です。軽いトレーニングで体調を整え、睡眠も充分に取っておきます。夜行列車、夜行ドライブでの登山は、思いの他疲労が蓄積しているものです。余裕をもった、山麓登山口での一泊を是非ともお勧めします。

持病のある場合は、その山行が無理か、無理でないかをチェックし、同行者にも知らせておくことが必要です。

日常のトレーニング
主治医のアドバイスを受ける
アドバイス

装備のチェック

安全な山歩きの第一歩は、自分にあった上手な装備の選び方できまります。登山用品の専門店で適切なアドバイスをしてもらうことも大切です。

装備（荷物）は、とにかく軽く（軽量化）することがポイントです。さらに、最初は不安からこれもあれもと増える傾向になります。

個々の装備の機能、性能を理解し、むだな重複をさけ必要最少限にまとめることもポイントです。

登山用具については50～53ページに紹介しましたが、安全登山という観点から登山装備について、もう一度まとめてみましょう。

●**服装**　山では着衣の機能面が重視されます。防寒、防風、日除け、虫除けといった観点です。長袖で蓋付ポケットがあり、着脱の容易なものがベストです。下着は綿製品を避け、化学繊維で発汗性の高い製品が出回っています。靴下も靴擦れを防ぐ面から登山靴用を選びましょう。帽子は雨天の時などはひさしのある方が楽です。夏季でも手袋は必要です。軍手は濡れると体温を奪いますので登山用手袋を使いましょう。

●**登山靴**　履き馴らし足になじませておきましょう。普段から履き馴れていないと小さな突起などにつまずき事故の原因になりかねません。また靴底も経年劣化で剥がれるので使用前には点検をします。

●**ザック**　ザックカバー、山行に見合った容量のザックを用意します。日帰り登山が主であれば20L程度で良いでしょう。肩バンド、腰バンドが広めでしっかりしたタイプを選びます。ザックによって山行中の疲労に差が出ます。雨天に備えてザックカバーも必携です。

●**雨具**　ゴアテックスなど通気性の良い、上着、ズボンがセパレートタイプの雨具が最良です。雨具だけは少々無理してでも良いものを選びます。防寒、防風の役目も兼ねられ我が身を守る道具として活用できるからです。

その他、どんな山行でもザックに入れておくべきは「ヘッドランプ」「水筒」「非常食」「ライター」「持病薬・常備薬」「ナイフ」です。「トレッキングポール（登山用杖）」も使いこなしたい用具です。

ひさしのある帽子
長袖
登山用手袋
登山靴
雨具
ヘッドランプ、水筒、非常食、ライター、持病薬、常備薬、ナイフ、etc.

気象情報の確認

同じエリアでも山稜と稜線では全く気象状態が変わることがあります。山岳特有の気象知識をしっかり身につけることも安全登山の第一歩です。

山行を計画し実行する段階で、必ず確認しておきたいのが気象情報です。

近年、気象衛星などの発達により、気象情報の精度は大変に高いものとなっています。おおいに活用すべきですが、山の天候は局地的であり、天候の変化による行動の対応も様々です。

山岳特有の気象変化を理解し、知識を深めることが、安全登山への道筋です。

日頃から、天気図を見る（読む）ことを習慣とし、天気図の変化と実際の気象変化を重ね合わせていくと、天気図上に現れる気象の特性が理解できるようになります。

気象情報で最も留意すべきは、警報、注意報です。さらに、山岳地の気象は平地に比べ、悪化の程度が大きく、その変化も平地より早く悪化し、その回復は平地より遅れるのが常です。つまり、同じエリア内でも山麓と稜線では、気象状態が全く異なることを知っておくべきでしょう。

また、地方には気象に関して昔からの言い伝えがあります。

例えば、『夕焼けの翌日は晴天、朝焼けは雨。トンビが高く飛ぶときは大風。夏の星が瞬くと雨。笠雲がかかれば雨。』などです。

また、観天望気といって、経験に基づいて、空模様や雲を見てこれからの天候を予測することも大切です。長くその地で生活すると、天気に関して肌で感じる予感が生じてくるものです。

科学的根拠に根差したものばかりではありませんが、山の経験則として、使われています。

山岳気象や気象変化の予測を軽視したがゆえの遭難（気象遭難）があとを絶ちません。無理せずに、天候の回復を待てば事なきを得たケースがほとんどです。

気象遭難の怖さは、気付いた時はすでに手遅れになる場合が多い事です。大雨は沢の増水や土砂災害、大風は行動不能に陥り、警報、注意報はその予告となりましょう。

トンビが高く飛ぶときは…
朝焼けは雨
笠雲がかかれば…
夏の星がまたたくと…

経験を重ねる

山歩きの第一歩は身近な山から始めてみませんか。登山の難易度は標高や山域だけでは評価はできませんが、徐々にステップアップしていくことを心がけましょう。

登山の楽しみ方、安全な登山の意味は経験を重ね、少しずつ自信が持ててこそ得られるものだと思います。そして、経験を重ねた実績が次のステップへの足がかりになっていきます。

山歩きの第一歩は、皆さんお住まいの近くの低山から始めませんか。小学生、中学生の頃、遠足で登ったような山々です。昔、先生に連れられて登ったようなところでも、自分達で計画を立て、実行に移すとなればそれなりの準備も必要です。本編では首都圏をベースに、おすすめのコースをいくつか挙げましたが、皆さんの周りには身近な山がたくさんあると思います。最初の山歩きはそんな身近なところから始めてみましょう。

登山の難易度を標高や山域だけで評価することはできませんが、ある程度の目安にはなります。

個々の『山』『コース』の特性、『その季節の状態』などを合わせての総合的な判断が大切です。

千メートル前後から千五百メートルクラスの奥武蔵、奥多摩や丹沢、二千メートルクラスの奥秩父、八ヶ岳、二千五百メートルから三千メートルクラスの南アルプス、北アルプスへと段階的に経験を積み上げて行きましょう。

また、一日の行程（距離、高低差、所要時間）も初期は、無理なく短めに計画します。さらに、日帰り登山から一、二泊の登山へと日程を延ばして行きましょう。

また、多くの旅行社では「登山ツアー・トレッキングツアー」の企画、募集をしており、交通機関などの心配をせずに参加できます。

ただし、行程等すべてが旅行社まかせ、グループ行動なので、個人山行としての魅力には欠けます。

全くの個人、あるいは個人グループでの山行を考えられ、適当な指導者がいない場合には、山岳ガイドに依頼することも方法です。

さらに本格的で高度な登山を目指すならば組織的な、指導体制の整った山岳会への入会を勧めます。

単独登山はリスクが大きい

登山は人に頼らず、人に迷惑をかけずに、自分のことは自分で責任を持つ行為です。単独登山は気楽ですが、たくさんのリスクや危険がともないます。

長く登山に親しんでいると、同好の仲間やグループができ、あるいは、そんなグループに入れてもらうようになります。

もちろん、前項で述べたように山岳会への積極的な入会という手段もあります。

登山という行為は、基本的に人を頼らず、人に迷惑をかけずに、自分のことは自分で責任を持たなければならない行為だと思います。

例えて言うならば、『自分の荷物は自分で背負う。自力で歩きとおす。山行計画の内容を完全に理解している。』などです。

ならば、単独登山は気楽で、気がねなく、自分だけの行動を自分自身で責任を持つ、自己責任の世界に一番ふさわしいのではと感じられるかもしれません。

確かに、少し大袈裟な表現を借りるなら究極の登山形態と言えましょう。現実には単独登山を好む登山者、固執する登山者も少なくありません。同行者を得られず、やむなく単独登山を強行する場合もあるでしょう。

ただ、その行為にはたくさんのリスク、落とし穴がある事を理解し、その危険は避けなければなりません。独りよがりの単独登山は、事故の確率が高く、事故ともなれば、周りの多くの人に多大な迷惑をかけることになります。

筆者の住む白馬村でも、毎年といってよいほど行方不明者が発生します。しかもそのほとんどすべてが単独登山者です。季節も四季を問わずに発生しています。

その度に、長期にわたる大掛かりな捜索活動が続けられますが、事故直後の発見をのぞき、数か月後、数年後に発見という例はほとんどありません。雪稜からの滑落、雪渓のクレパスへの転落、土砂への埋没などが原因とみられますがまったく痕跡のないまま判らなくなってしまうのが実態です。同行者のいない単独登山は、何かが起こっても救援を求める事ができず、悲劇的な結果が多いのです。

気楽....

リスク...

遭難について

気持は若くても、体力やバランス感覚が少しずつ低下していきます。この程度のことはできるはずだという自己過信が山岳遭難事故につながります。

痛ましい山岳遭難事故はあとを絶つ事なく続発しており、以前とは異なり、そのほとんどが中高年の登山者です。

なぜ、そんなにも遭難が多いのでしょうか?

一番大きな要因は、登山を楽しむ年齢層が以前とは大きく様変わりし、若年層が大幅に減少する中で中年層、高年層の登山者が飛躍的に増えた事だと考えられています。そして、中高年登山者の多くが、気持ちは若くても、体力やバランス感覚が加齢とともに確実に低下している自覚がないままに行動しているのが実態です。

また、若い時に多少なりとも登山経験を持つ人ほど、この程度の事はできるはずだと、自己過信しているケースも目につきます。

遭難事故の内容も従来とは著しく異なり、ちょっとした考えられないような事が原因となっています。例えば、つまずいた拍子に踏み止どまれずにそのまま転落してしまったり、写真撮影で後ずさりしながらそのまま転落といったケースです。

警察庁がまとめている山岳遭難の発生状況によりますと、その原因は次のとおりですが複合的な場合も多く、他人事ではなく警鐘としなければなりません。

「道迷い」「滑落」「転倒」
「転落」「病気」「疲労」
「野生動物」「悪天候」「落石」
「雪崩」「落雷」「鉄砲水」
「有毒ガス」「不明・その他」

と、分類されており、年度により異なるものの、その発生件数はほぼ表記順に多くなっています。

しかも、中高年の占める割合が年々上昇の傾向にもあるのです。

遭難の危険を避けるポイントを挙げておきます。

・自己過信はほどほどに。
・単独登山はしない。
・ゆっくりのんびり余裕の行程。
・ためらわずに引返そう。
・おしゃべり歩きは、注意散漫、つまずきのもと。

中高年の登山者が 増えた

気持ちは
若いけど

さらに大切なことは、
・行動予定を家族に知らせる。
・登山口では登山届を提出することです。
登山届は、万が一下山してないような場合、捜索の大きな手がかりになるからです。登山の行動予定を誰も知らない、登山届が出ていない、といった場合、捜索願いが出ても手のほどこしようがないからです。登山届は、登山口の相談所や受付箱に預けたり、当該山域の所轄警察署(地域課)、山岳遭難防止対策協会(遭対協)への送付が適切です。登山相談所は夏山シーズンの最盛期など、著名な登山口に開設されることが多いです。長野県、富山県、岐阜県などの警察本部ホームページでは、山岳情報を発信し、遭難防止に努めています。

また、遭難事故が発生した場合の万が一に備え「山岳保険」に加入する事をお勧めします。
いくら注意し、自分に限ってはと思っていても、山に絶対はありません。自分を守る意味でも大切な事です。「山岳保険」の特徴は、救助、捜索費用を主な対象としていることです。遭難救助に要する費用は、事例によって大きく異なります。当然ながら、捜索期間が長くなったり、大規模な捜索活動などは高額となりがちです。山での遭難(事故)は決して他人事ではありません。
なお、最近では携帯電話各社が改善を重ね山岳地域で電波が通じることが増えてきました。と同時に安易な救助要請、不確かな情報通知で、本来の救助活動に支障すら来しているのも事実です。

第6章 山歩き おすすめコース

無理のない山歩きをしよう

同じ山でも目的や楽しみ方によっていろいろなコースがあります。ここでは、17例を紹介しますが、どんな山歩きでも余裕をもった、無理のない計画が大切です。

実際に山行の計画を立てるヒントとして、いくつかのコース例をあげてみますが、数多くのコースの中のほんの一例にすぎません。

前にも述べましたが、山歩きの楽しさはプランを立てることから始まります。同じ山でもいくつかのコースを選べる場合があり、情報もいろいろあります。

一つの目安として二千メートル以上の山は、二千メートル以下の山を10回以上経験してからにするくらいの準備と余裕がほしいと思います。10回の経験が安心と自信のために大切なステップになるはずだからです。

★　★

北アルプスの立山室堂周辺は二千五百メートルを越える高山ですが、交通の発達と諸設備のいきとどいた整備で気軽に三千メートル級の散策を楽しむことができます。しかし、体調をくずしたり、高山病になったり、天候の急変で危険な状態に陥る登山者が後をたちません。いくら開発が進んでも、自然の脅威ははかりしれません。十分に気をつけましょう。

山歩きには、目的や条件にあった無理のない計画が大切です。

この章では、コースを「低山歩き（日帰り登山）」「山麓泊登山（温泉との組み合わせ）」「山中泊登山（山小屋利用）」に分けて案内しています。

山行例はすべて雪のない時期の登山を前提にしていますので、東北や上信越、標高の高い山など、冬季に降雪の多いところでは年によって夏山シーズン入り前の残雪に差があります、十分に地元の情報を確認して入山してください。

また、コースタイムは休憩時間を含まない標準的な実質歩行時間です。個人差もありますし体調にもよりますので一応の目安としてください。

全体の所要時間としては休憩時間、遅れなどを考慮して30～50％くらい余分に見ておいたほうが無難です。

山中泊登山
山麓泊登山
低山歩き・日帰り登山

低山歩き 日帰り登山

山行例①

陣馬山（857m）〜（裏高尾縦走）〜高尾山（599m）

●八王子駅…和田峠…陣馬山…明王峠…景信山…小仏峠…城山…高尾山…高尾山口駅

東京周辺の人にとっては、「陣馬山」「高尾山」は近郊ハイキングの代名詞のような響きを持っています。遠足やレクリエーションで、にぎやかに歩いた記憶をお持ちの方も多いことでしょう。

新しい山靴のはきならしや、ザックの背負い心地を確かめながらこれからの「山歩き」を意識してあるいてみましょう。

●**歩程**：5時間45分
●**地図**：八王子　与瀬（二万五千分の一）
●**コース**：八王子駅…（バス50分）…陣馬高原下…（徒歩1時間10分）…和田峠…（徒歩20分）…山の家…（徒歩5分）…陣馬山…（徒歩40分）…明王峠…（徒歩1時間10分）…景信山…（徒歩30分）…小仏峠…（徒歩20分）…城山…（徒歩50分）…高尾山…（徒歩40分）…ケーブルカー駅…（ケーブルカー6分）…清滝駅…京王高尾山口

山行例②

棒ノ折山（969m・奥多摩）

●川井駅…奥茶屋…棒ノ折山…ゴンジリ峠…黒山…雨ノ沢山…名坂山…北川橋…川井駅

東京周辺から日帰りで手軽に歩ける山はたくさんあります。奥武蔵、奥多摩、丹沢…など、それぞれの地域で、思い思いに山の名前をあげたらきりがないほどです。

棒ノ折山はそんななかで、林道、沢、わさび田、カヤトの頂上など、変化もあり、比較的静かに歩けます。例にあげたほかにも、いくつかのコースがあります。

はやる気持ちを押さえての林道歩きです。いやだと思う人も多いようですが、山里の風景を楽しみながらのんびり歩けば、そんなに苦しいものではありません。

大丹波林道は奥茶屋から先、川乗山方面へと続いています。

山頂から関東平野を見渡す気分はそうかいなものです。

●**歩程**：5時間30分
●**地図**：武蔵御岳　原市場
（二万五千分の一）
●**コース**：川井駅…（徒歩1時間20分）…奥茶屋…（徒歩1時間10分）…棒ノ折山…（徒歩5分）…ゴンジリ峠…（徒歩25分）…黒山…（徒歩20分）…雨ノ沢山…（徒歩50分）…名坂峠…（徒歩30分）…北川橋…（徒歩50分）…川井駅

山行例③

塔ノ岳（1491m・丹沢）

●秦野駅…ヤビツ峠…富士見橋…二ノ塔…三ノ塔…烏尾山…行者岳…新大日ノ頭…塔ノ岳…堀山…大倉…渋沢駅

●**歩程**：6時間10分
●**地図**：大山　秦野（二万五千分の一）
●**コース**：小田急線秦野駅…（バス50分）…ヤビツ峠…（徒歩20分）…富士見橋…（徒歩1時間10分）…二ノ塔…（徒歩20分）…三ノ塔…（徒歩30分）…烏尾山…（徒歩30分）…行者岳…（徒歩40分）…新大日ノ頭…（徒歩40分）…塔ノ岳…（徒歩1時間）…堀山…（徒歩1時間）…大倉…（バス15分）…渋沢駅

丹沢の山々は道志の山々とともに富士山東側一帯の関東山地を形成していて、神奈川県、山梨県、静岡県にまたがる広い地域です。

丹沢の最高峰は蛭ガ岳で、一般的に主稜の金山谷乗越で東丹沢と西丹沢に分けて呼ばれています。

丹沢の山を知るためには、まず最初に歩いておきたいコースの一つです。尾根道をたどるこのコースは眺望に恵まれ、表丹沢の様子が手に取るようです。

ピーク、尾根、沢の一つ一つを地形図と照らし合わせ、全体の概念を把握するよいチャンスです。

眼下の相模灘が印象的です。

山行例④

大菩薩嶺（2057m・大菩薩）

●塩山駅…裂石…上日川峠…唐松尾根…大菩薩嶺…大菩薩峠…小菅…奥多摩駅

中里介山の長編小説で有名な「大菩薩峠」です。一昔前までは、新宿発夜行日帰りの山でしたが、冬期以外は裂石の奥までタクシーが利用できますので、楽な日帰りコースになりました。

上日川峠の先、福ちゃん荘までタクシーを利用し、唐松尾根から雷岩へ登り、大菩薩嶺の山頂（樹林で眺望は得られない）を往復して、大菩薩峠を経て小菅に下ります。

裂石、小菅あたりに一泊して、おいしい山の空気に浸るのもよいでしょう。

峠越えのオーソドックスなルートは丹波へ下る道で、甲州裏街道と呼ばれていました。

また、大菩薩連嶺の北に位置する鶏冠山（１７１０ｍ）は、武田信玄の隠し金鉱があった黒川谷のある山として知られ、南に位置する雁ガ腹摺山（１８７４ｍ）は五百円札の裏の絵柄で有名です。

両山とも大菩薩の山域にありながら、静かな山歩きを楽しめます。

●**歩程**：5時間
●**地図**：大菩薩峠　丹波　七保（二万五千分の一）
●**コース**：塩山駅…（裂石、上日川を経てタクシー50分）…福ちゃん荘…（徒歩1時間30分）…大菩薩嶺…（徒歩30分）…大菩薩峠…（徒歩3時間）…小菅…（バス1時間）…奥多摩駅

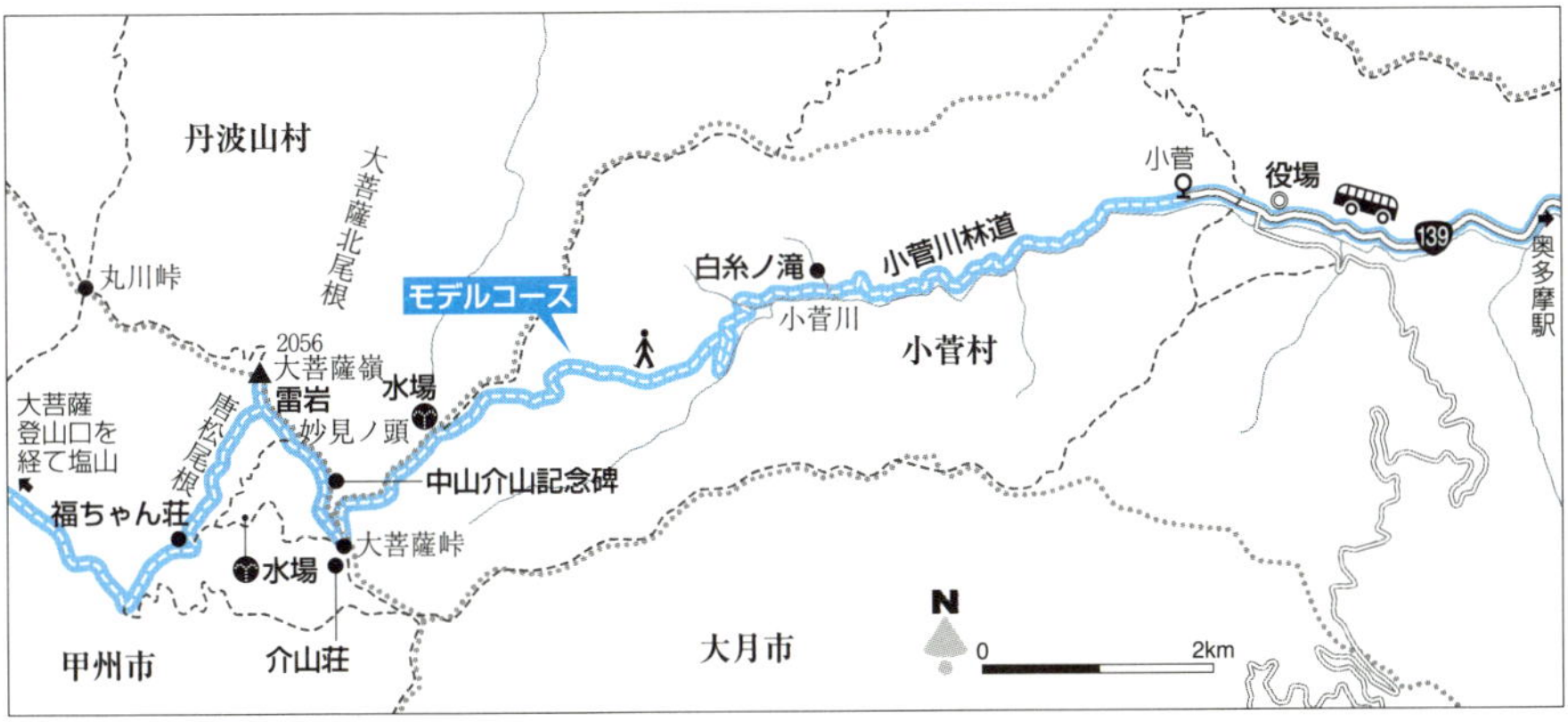

山行例⑤

鷹ノ巣山（1737m・奥多摩）

●奥多摩駅…中日原…巳ノ戸林道…稲村屋根分岐…鞍部…鷹ノ巣山…六ッ石山…石屋根…奥多摩駅

長時間コースの体験です。早発と日の長い時期をえらびましょう。

●歩程：7時間
●地図：奥多摩湖　武蔵日原（二万五千分の一）
●コース：奥多摩駅…（バス40分）…中日原…（徒歩40分）…巳ノ戸林道…稲村尾根分岐…（徒歩30分）…鞍部…（徒歩2時間）…鷹ノ巣山…（徒歩1時間50分）…六ッ石山…（徒歩2時間）…奥多摩駅

奥多摩の核心、日原の谷から稲村岩の尾根を経て鷹ノ巣山の山頂に立ちます。山頂は明るく展望が開けていて、富士山、奥多摩、丹沢の山々が美しく連なり、その場を離れたくない気分になります。

下りは六ッ石山へ寄る石尾根コースをとります。長い下りですので、あまり急ぐと膝をいためます。稜線漫歩の気分で歩きましょう。

山麓泊登山 温泉との組み合わせ

山行例①

安達太良山（1700m）

●二本松駅…岳温泉…リフト…薬師岳…安達太良山…鉄山…箕輪山…鬼面山…野地温泉…福島駅

安達太良山（乳首山）は、高村光太郎の「智恵子抄」でよく知られ、磐梯朝日国立公園に位置します。

コース中では箕輪山の標高がいちばん高くて、1728メートルあります。

山麓には温泉がいくつもありますので、コースにうまく組み合わせるとよいでしょう。

●歩程：5時間10分

●地図：二本松　安達太良山
土湯温泉　玉井
福島南部
（二万五千分の一）

●コース：東北本線二本松駅…（バス50分）…岳温泉…奥岳温泉（あだたらエクスプレス6分）…リフト終点…（徒歩1時間30分）…安達太良山…（徒歩50分）…鉄山…（徒歩1時間10分）…箕輪山…（徒歩50分）…鬼面山…（徒歩50分）…野地温泉…（バス1時間）…福島駅

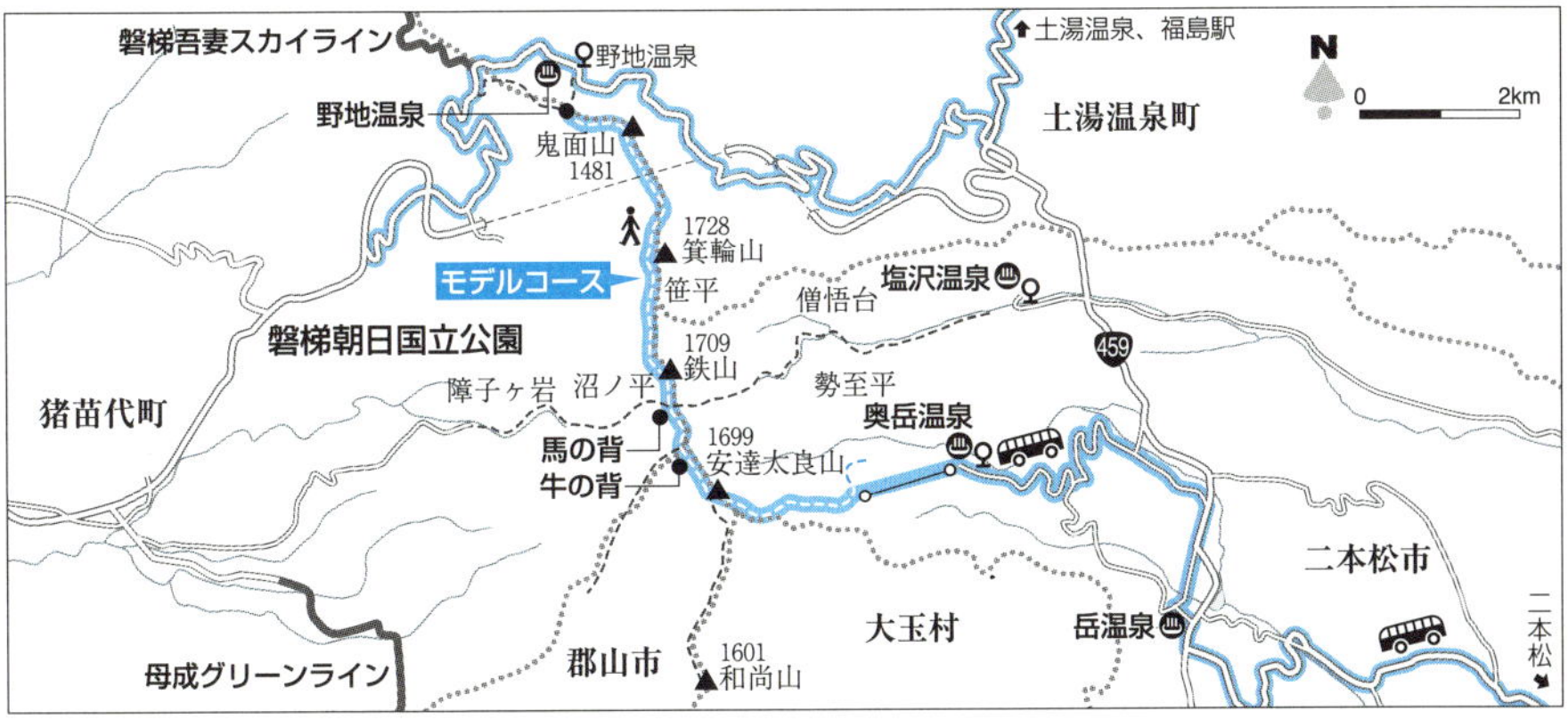

山行例②

瑞牆山（2230m・奥秩父）

●韮崎駅…増富温泉…金山平…瑞牆山荘…天鳥川源流…瑞牆山…天鳥川源流…瑞牆山荘…増富温泉…韮崎駅

●歩程：4時間20分（瑞牆山荘より往復）

●地図：瑞牆山（二万五千分の一）

●コース：韮崎駅…（バス1時間）…増富温泉…（金山平を経て徒歩2時間30分、タクシー30分）…瑞牆山荘…（1時間20分）…天鳥川源流…（1時間20分）…瑞牆山…（徒歩50分）…天鳥川源流…（徒歩50分）…瑞牆山荘…増富温泉…韮崎駅

瑞牆山は奥秩父の西端に位置していますが、主脈から離れて、岩峰の独特な容姿が目を引く山です。オーソドックスには、増富温泉から金山平を経て瑞牆山荘までは徒歩2時間30分のアプローチがありますが、マイカーやタクシーで入ることもできます。

瑞牆山荘からは、富士見平、天鳥川源流を経て、急登で高度をかせぎ、岩盤の山頂にでます。

下りは今来た道をもどりますが、急なのであわてず慎重に行動しましょう。

山行例③

谷川岳（1963m・上越国境）

●水上駅…谷川岳ロープウエイ…天神平…田尻ノ頭…熊穴沢ノ頭…谷川岳（トマノ耳・オキノ耳）…西黒屋根…土合駅

谷川岳は、一ノ倉沢などの沢筋に大岩壁帯をようしてクライマーのメッカとして知られていますが、一般ルートの稜線は笹におおわれ女性的雰囲気さえ感じられるほどです。

上越国境の天候は安定しない地域ですので、ガスで視界のきかない日も多く、そんな日は、より慎重な行動が大切です。岩稜の西黒尾根を下りますので雨にあったときなど特にスリップに注意です。

入下山には、水上、湯桧曽、谷川、などの温泉が利用できます。

山頂からは、西黒尾根のほか、一般ルートとして一ノ倉岳から茂倉新道を土樽へ下る道、中ゴー尾根を谷川温泉に下る道などがあります。

●歩程：5時間20分

●地図：水上　茂倉岳（二万五千分の一）

●コース：上越線水上駅…（バス14分）…湯桧曽温泉…（バス18分）…谷川岳ロープウエイ…（ロープウエイ10分）…天神平…（徒歩1時間）…熊穴沢ノ頭避難小屋…（徒歩1時間30分）…谷川岳（トマノ耳・オキノ耳）…（徒歩1時間）…（ラクダのコル）巌剛新道分岐…（徒歩1時間20分）…鉄塔台地…（徒歩30分）…土合駅

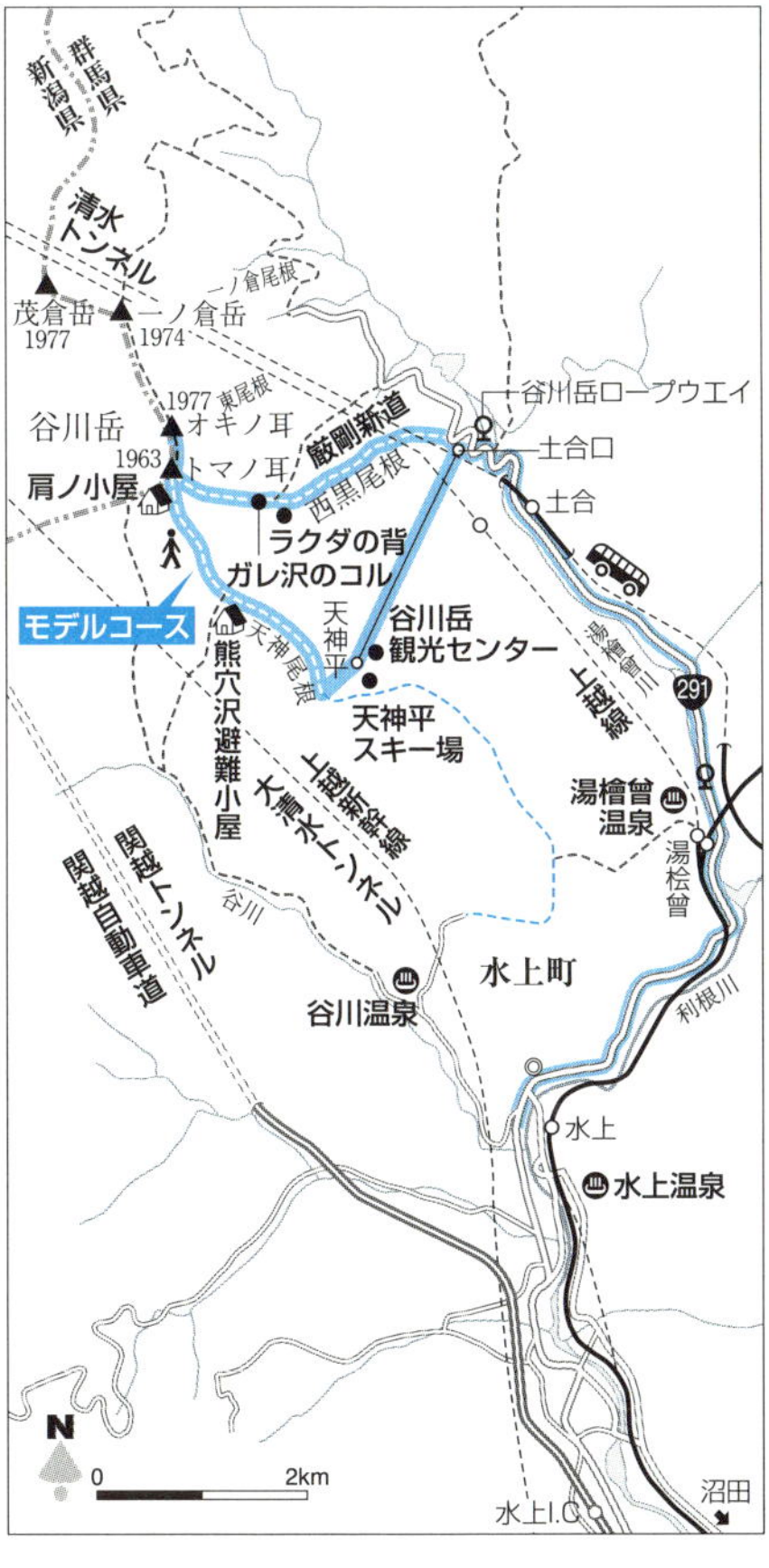

山行例④

雨飾山（1963m・信越国境）

●南小沢駅…小谷温泉…雨飾荘…広河原…荒菅沢…雨飾山…荒菅沢…広河原…小谷温泉…南小沢駅

「雨飾山」という美しい響きを持つ名前の山です。期せずして、標高は谷川岳と同じ1963メートルです。

麓には小谷温泉の3軒の旅館と村営雨飾荘があって、格好の登山基地になっています。ここでは南面の小谷温泉からの往復ルートを紹介してありますが、北面の雨飾温泉（梶山新湯）と結ぶコースもあります。山麓は山菜に恵まれ、宿の食膳をにぎわせてくれます。

●**歩程**：8時間
●**地図**：雨飾山（二万五千分の一）
●**コース**：大糸線南小谷駅…（バス40分）…小谷温泉…（徒歩30分）…雨飾荘…（徒歩30分）…林道分岐…（徒歩30分）…広河原…（徒歩1時間10分）…荒菅沢…（徒歩1時間20分）…稜線分岐…（徒歩30分）…雨飾山…（徒歩20分）…稜線分岐…（徒歩50分）…荒菅沢…（徒歩50分）…広河原…（徒歩30分）…林道分岐…（徒歩30分）…雨飾荘…（徒歩30分）…小谷温泉…（バス40分）…大糸線南小谷駅

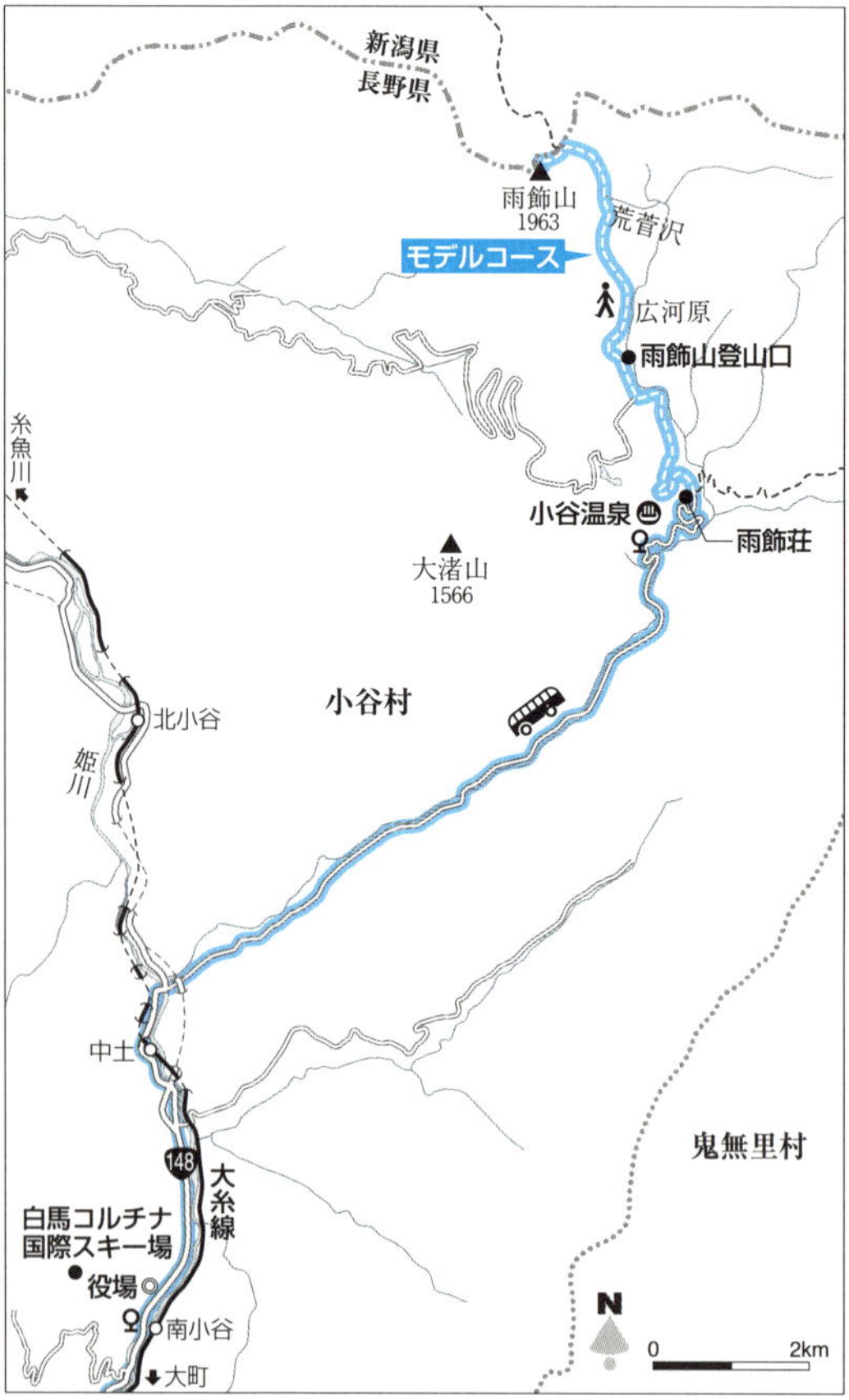

山行例⑤

唐松岳（2696m・北アルプス）

●白馬駅…八方尾根ゴンドラリフト…第一ケルン…第三ケルン（八方池）…下ノ樺…扇の雪渓…丸山ケルン…唐松岳頂上山荘…唐松岳山頂（往復）

1850メートルまでロープウエイ、リフトを利用でき、登山路もよく整備されています。北アルプス登山の入門の地と言えますが、3000メートル級の稜線に変わりはなく、自然の厳しさも心しての計画です。登山の適期は、7月初旬から9月末。10月も中旬は降雪になります。山麓では、いくつかの温泉も楽しめます。ロープウエイを利用しての日帰り登山も可能ですが、唐松岳頂上山荘一泊で立山・剣岳の夕日、高妻・乙妻山からの日の出も圧巻です。

●歩程：8時間20分
●地図：白馬岳（二万五千分の一）
●コース：大糸線白馬駅…（バス5分）…八方バスターミナル…（徒歩10分）…八方尾根ゴンドラリフト…（ロープウエイ・リフト40分）…第一ケルン…（徒歩1時間30分）…第三ケルン（八方池）…（下ノ樺・扇の雪渓を経て徒歩2時間）…丸山ケルン…（徒歩1時間）…唐松岳頂上山荘…（徒歩20分）…唐松岳山頂…（徒歩20分）…唐松岳頂上山荘…（徒歩1時間30分）…第三ケルン（八方池）…（徒歩1時間）第一ケルン…（ロープウエイ・リフト40分）…八方尾根ゴンドラリフト山麓…（徒歩10分）…八方バスターミナル…（バス5分）…大糸線白馬駅

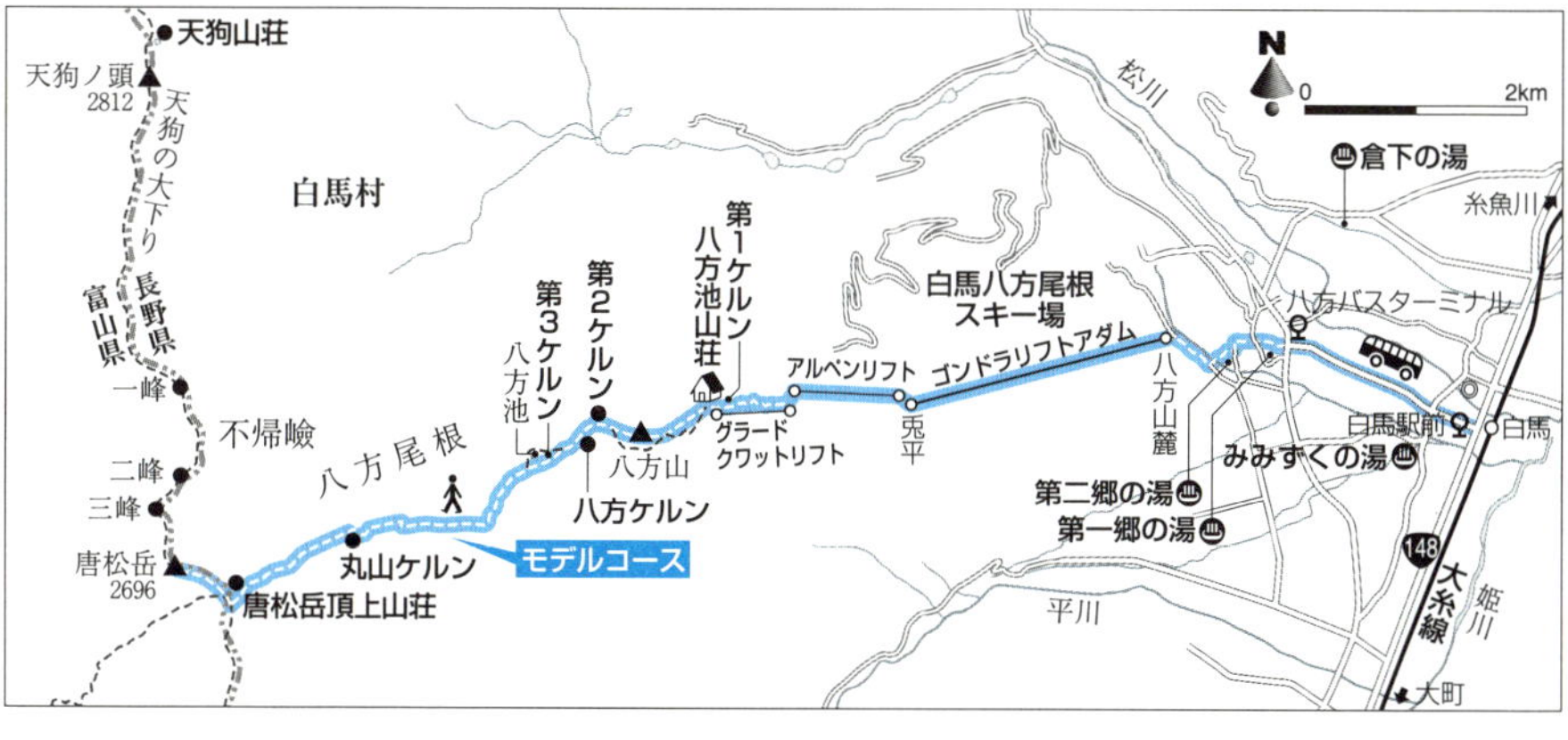

山中泊登山
山小屋利用

山頂は東京、埼玉、山梨の県境で、避難小屋も設置されていて、奥秩父の飛竜山などが望めます。

山行例①
雲取山（2017m・奥多摩）

●奥多摩駅…鴨沢…七ツ石山…雲取山…雲取山荘（泊）…三条ダルミ…三条ノ湯…後山林道…御祭…奥多摩駅

雲取山は、東京都で最も標高が高く、奥多摩と奥秩父の両域にまたがる山です。登山口は、三峰、日原、鴨沢、三条ノ湯、石尾根の各コースがあり、それぞれおもむきの異なった山歩きが楽しめます。

ここでは、鴨沢から登って三条ノ湯に降りるコースを紹介します。

●**歩程**：1日目…4時間25分
2日目…5時間30分

●**地図**：雲取山　丹波
（二万五千分の一）

●**コース**：青梅線奥多摩駅…（バス40分）…鴨沢…（徒歩2時間）…堂所…（徒歩50分）…七ツ石山…（徒歩1時間20分）…雲取山…（徒歩15分）…雲取山荘（泊）…（徒歩2時間10分）…三条ダルミ…（徒歩30分）…三条ノ湯…（徒歩2時間20分）…林道終点…（徒歩30分）…御祭…（バス50分）…奥多摩駅

山行例②

鳳凰三山（2840m・南アルプス）

●韮崎駅…青木鉱泉…ドンドコ沢…鳳凰小屋（泊）…アカヌケ沢ノ頭…観音岳…薬師岳…青木鉱泉…韮崎駅

鳳凰三山は南アルプスの入門にふさわしい山歩きコースで、ドンドコ沢の沢ぞいの道から鳳凰小屋に泊まり、鳳凰三山を縦走し薬師岳から中道コースを下山する周遊ルートです。

縦走路からは、北岳を盟主とする白峰三山の眺望が圧巻です。

本コースのほか、広河原、夜叉神峠を基点とするプランもでき、多彩なコースが選べます。

鳳凰三山は、北から「地蔵岳・2764m」「観音岳・2840m」「薬師岳・2780m」の三座で、観音岳の標高がもっとも高く、地蔵岳へは岩登りの技術がないと登れません。

●歩程：1日目…5時間
2日目…7時間15分

●地図：鳳凰山
（二万五千分の一）

●コース：中央韮崎駅…（送迎車1時間10分）…青木鉱泉…（徒歩2時間）…南精進ノ滝…（徒歩2時間）…五色ノ滝…（徒歩1時間10分）鳳凰小屋（泊）…（徒歩1時間10分）…アカヌケ沢ノ頭…（徒歩1時間15分）…観音岳…（徒歩50分）…薬師岳小屋…（徒歩4時間）…青木鉱泉…（送迎車1時間10分）…中央線韮崎駅

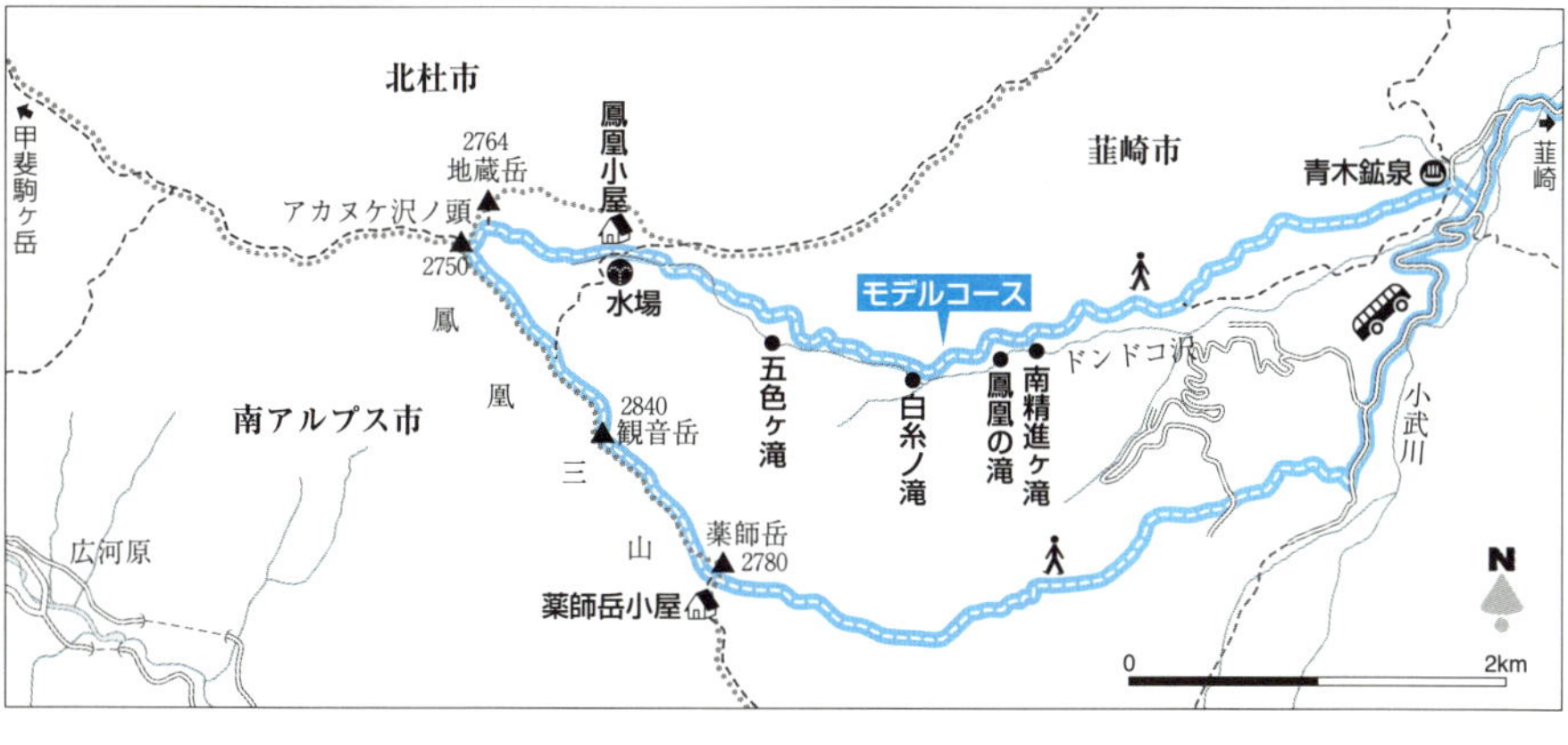

山行例③

赤岳（2899m・八ヶ岳）

●茅野駅…美濃戸…赤岳鉱泉…硫黄岳（泊り）…横岳…赤岳…中岳…阿弥陀岳（往復）…コル…行者小屋…赤岳鉱泉…美濃戸…茅野駅

八ヶ岳連峰は、ほぼ中間の夏沢峠を境にして、南八ヶ岳と北八ヶ岳に分けられます。

南八ヶ岳は、主峰の赤岳を中心に岩峰が連なっていて、男性的な山容を呈しています。対照的に北八ヶ岳は、深い森林といくつかの山上湖を抱いていて、女性的なやわらかい雰囲気をもっています。

ここでは南八ヶ岳の核心部、硫黄岳、横岳、赤岳、阿弥陀岳を巡るコースを取り上げました。岩稜コースですので、鎖場や梯子が設置されている箇所もありますので、慎重に行動しましょう。長いコースですが、エスケープルートもありますので、よく調べておきましょう。

●**歩程**：1日目…5時間
2日目…8時間40分

●**地図**：八ヶ岳東部　八ヶ岳西部
（二万五千分の一）

●**コース**：茅野駅…（バス50分）…美濃戸口…（徒歩1時間）…美濃戸…（徒歩2時間30分）…赤岳鉱泉…（徒歩1時間30分）…硫黄岳（泊り）…（徒歩1時間30分）…横岳…（徒歩1時間30分）…赤岳…（徒歩40分）…中岳コル…阿弥陀岳（往復・徒歩1時間）…コル…（徒歩40分）…行者小屋…（徒歩30分）…赤岳鉱泉…（徒歩2時間）…美濃戸…（徒歩50分）…美濃戸口…（バス50分）…茅野駅

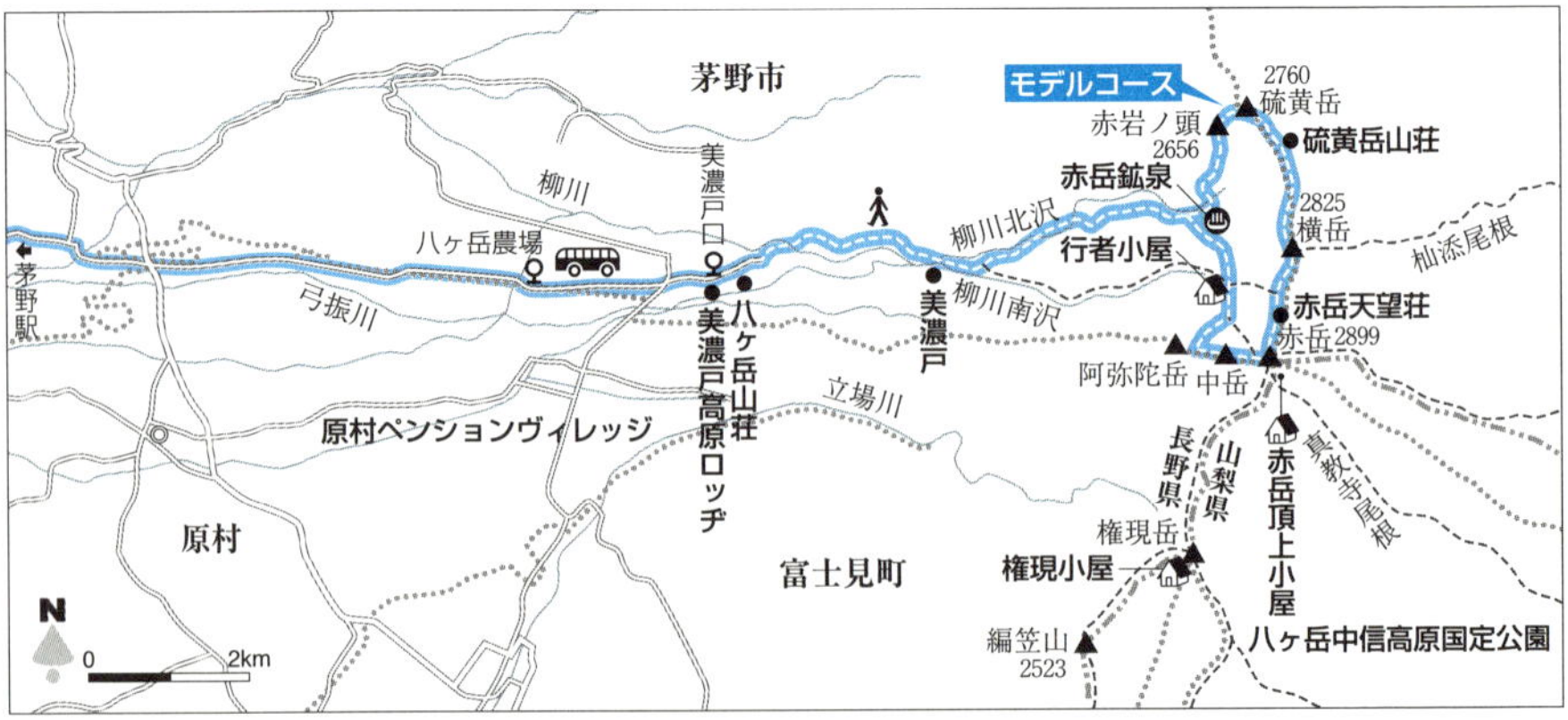

山行例④

甲斐駒ヶ岳
（2967m・南アルプス）

●甲府駅…広河原…北沢峠…仙水小屋（泊）…仙水峠…駒津峰…甲斐駒ヶ岳山頂（往復）

北沢峠へ歩いて登った時代を考えると、マイクロバスが入るようになって、甲斐駒、仙丈への登山は飛躍的に楽になりました。

それでも、南アルプスの山容の大きさを実感するに違いない山行になることでしょう。

甲斐駒、仙丈をセットにしての計画も2泊3日で可能です。

北沢峠には数軒の山小屋がありますが、甲斐駒ヶ岳へのベースは仙水小屋が便利です。ただし、収容人員が少ないので予約が必要です。甲斐駒ヶ岳は花崗岩質、三角錐形の端正な明るい山容で、眺望も素晴らしく、登頂の感激もひとしおです。北沢峠から甲斐駒山頂までの標高差は930メートル。花崗岩の変化に飛んだ山道です。花崗岩の砂礫地は足元に注意。

●歩程：1日目　1時間
2日目　8時間50分
●地図：甲斐駒ヶ岳
（二万五千分の一）
●コース：中央線甲府駅…（バス2時間）…広河原…（バス25分）…北沢峠…（徒歩1時間）…仙水小屋（泊）…（徒歩1時間）…仙水峠…（2時間）…駒津峰…（2時間）…甲斐駒ヶ岳山頂…（1時間30分）…駒津峰…（1時間）…双児山…（1時間20分）…北沢峠…（バス25分）…広河原…（バス2時間）…中央線甲府駅

山行例⑤

仙丈岳

（3033m・南アルプス）

●甲府駅…広河原…北沢峠（泊）…五合目（大滝ノ頭）…小仙丈岳…仙丈岳山頂（往復）

仙丈岳は、南アルプスの女王といわれるにふさわしい美しい山の姿です。

標高は3000メートルを超え、どっしりと大きいのですが、なぜか柔らかく、安らぎを感じさせる山です。

山が大きいだけに山頂までの道程も長いのですが、ゆっくりと歩を進めれば、それほど苦しいものではありません。登りを楽しむくらいの余裕もほしいです。森林限界がはっきりしており、周りの景色の変化も高度を実感させてくれます。

そして、仙丈岳の見所は、カール地形とお花畑でしょう。ことに初夏の頃は、残雪と可憐な高山植物が、岳樺の新緑とあいまって美しいコントラストを呈します。

●**歩程**：1日目　歩程なし
　2日目　8時間20分

●**地図**：仙丈岳
　（二万五千分の一）

●**コース**：中央線甲府駅…（バス2時間）…広河原…（バス25分）…北沢峠（泊）…（徒歩2時間20分）…五合目（大滝ノ頭）…（徒歩1時間10分）…小仙丈岳…（1時間10分）…仙丈岳山頂…（50分）…小仙丈岳…（50分）…五合目（大滝ノ頭）…（2時間）…北沢峠…（バス25分）…広河原…（バス2時間）…中央線甲府駅

山行例⑥

立山（3003m・北アルプス）

●富山駅または信濃大町駅…室堂…一ノ越…雄山…大汝山…富士ノ折立…真砂岳…別山…別山乗越…雷鳥平…室堂…富山駅または信濃大町駅

黒部・立山アルペンルートの室堂は富山県（越中）側からと長野県（信州）側からの接点ともいえる観光地です。交通の便がよく高山まで簡単に入れるので、夏山シーズンにもなると、観光客であふれんばかりになります。

しかし、交通がいくら便利になっても、標高3000メートルの山の自然の厳しさには変わりありません。このコースでは、平成元年10月に、中高年パーティー10人中8人死亡の痛ましい遭難事故も起きています。

すぐそこまで観光地とはいえ、3000メートルの山の支度と心構えがあってこそ味わえる山の楽しさです。天候や条件に恵まれれば、素晴らしい雲上のプロムナードが待ち受けています。

●全歩程：7時間30分
●地図：立山　剱岳　黒部湖　小見（二万五千分の一）
●コース：富山駅または信濃大町駅…室堂…（徒歩1時間）…一ノ越…（徒歩1時間）…雄山…（徒歩40分）…大汝山…（富士ノ折立、真砂岳を経て徒歩1時間30分）…別山…（徒歩20分）…別山乗越…（徒歩1時間30分）…雷鳥平…（徒歩1時間）…室堂…富山駅または信濃大町駅

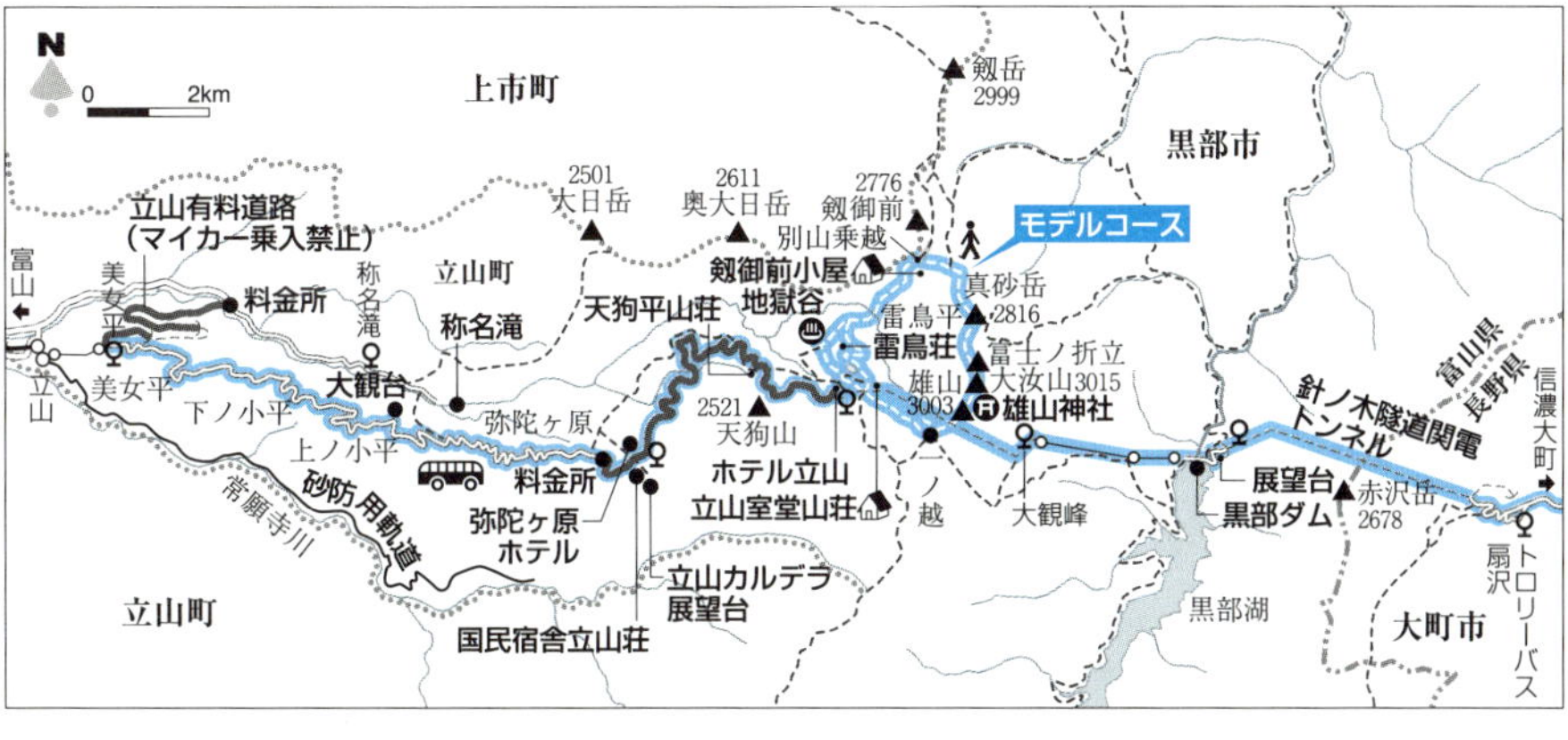

山行例⑦

白馬岳（2932m・北アルプス）

●白馬駅…猿倉…白馬尻…大雪渓…ネブカ平……村営頂上宿舎…白馬山荘（泊り）…白馬岳…三国境…小蓮華岳…白馬大地…天狗原…栂池自然公園…ロープウエイ…栂の森…ゴンドラ…栂池高原…白馬駅

北アルプス3000メートル級の山歩きです。低山歩きから積み重ねてきた経験をベースに、余裕の山行を楽しみたいものです。

大雪渓を登路にお花畑をたんのうして白馬岳山頂に宿泊。北アルプスの大パノラマ、早朝の御来光も感激です。時期的には梅雨が明ける7月の20日前後から8月の旧盆ごろまでが天候がもっとも安定していて、高山植物も見ごろです。

ただし、この時期はたいへん混み合いますので、白馬山荘の個室を予約しておくと快適です。

●歩程：1日目…5時間30分
2日目…5時間40分

●地図：白馬町　白馬岳
（二万五千分の一）

●コース：大糸線白馬駅…（バス35分）…猿倉…（徒歩1時間10分）…白馬尻…（徒歩2時間）…ネブカ平…（徒歩2時間）…村営頂上宿舎…（徒歩20分）…白馬山荘（泊）…（徒歩20分）…白馬岳…（徒歩30分）…三国境…（徒歩50分）…小蓮華岳…（徒歩1時間30分）…白馬大池…（徒歩1時間30分）…天狗原…（徒歩1時間）…栂池自然園…（ロープウエイ8分）…栂の森…（ゴンドラ20分）…栂池高原…（バス40分）…白馬駅

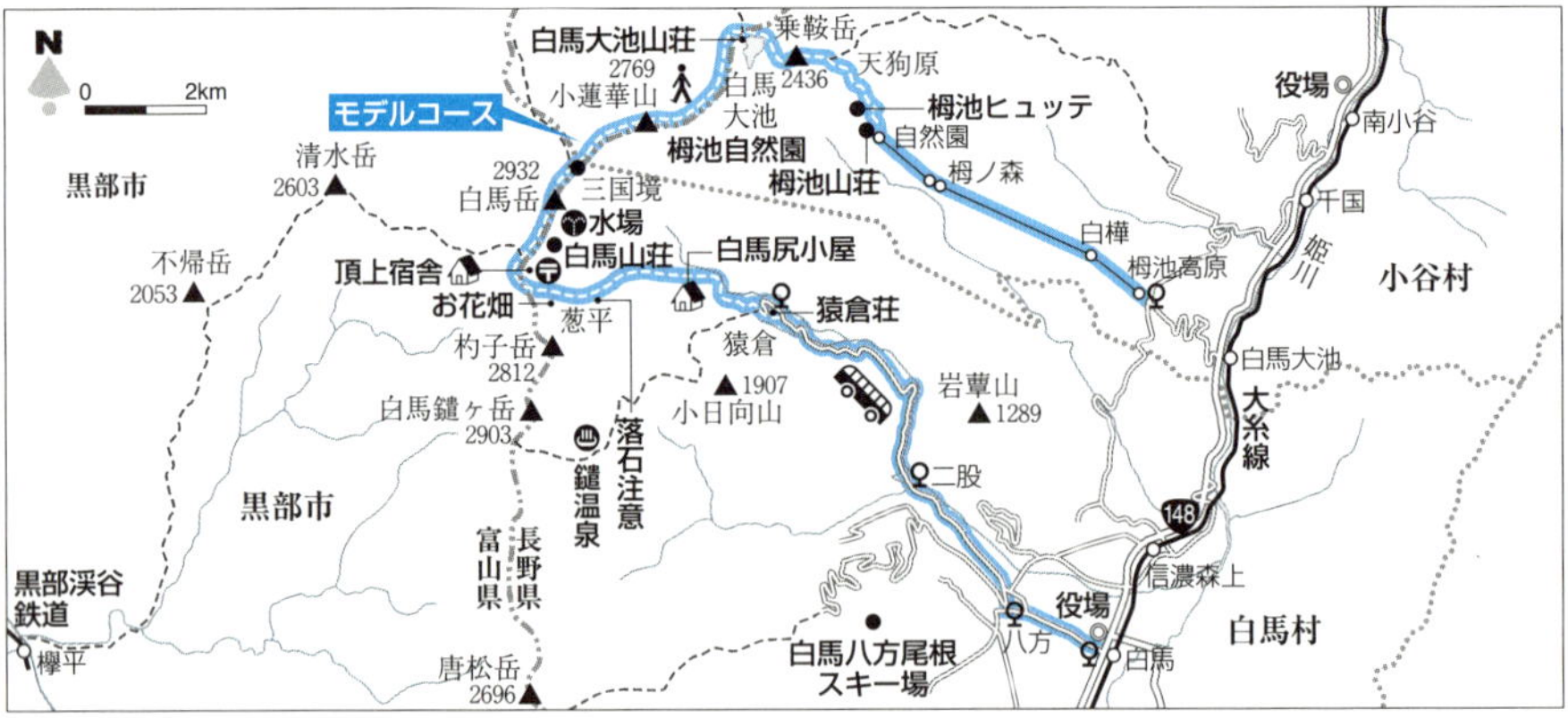

▲白馬大池

【参考文献】
『楽しい登山・中高年の安全な登山のために』（文部省　ぎょうせい）
『高みへのステップ・登山と技術』（文部省　東洋館出版社）
『中高年のためのわかりやすい・山の気象と天気図』（銀谷国衛著　白山書房）
『山の気象と救急法』（飯田睦次郎・桜井博幸著　東京新聞出版局）
『登山の医学』（J・A・ウィルカーソン編　赤須孝之訳　東京新聞出版局）
『アウトドア救急ハンドブック』（小濱啓次監修　小学館）
『生活の健康医学』（吉利和監修　三省堂）
『山のトラブル対処法』（北田紘一著　山と渓谷社）
『コンサイス日本山名辞典』（徳久球雄編　三省堂）
『日本百名山』（深田久弥著　新潮社）
『日本百名山登山ガイド・上下』（山と渓谷社）
『日本山岳文学史』（瓜生卓造著　東京新聞出版局）
『山道具が語る日本登山史』（布川欣一著　山と渓谷社）
『月刊　山と渓谷』（山と渓谷社）
『季刊　ビスターリ』（山と渓谷社）

■著者略歴

石田弘行　Ishida Hiroyuki

1945年、岩手県生まれ、東京都立石神井高校山岳部入部をきっかけに山の世界に魅せられ、東京農業大学卒業後、白馬観光開発㈱へ入社。旧国鉄のキャンペーン白馬トレッキングの企画などに係わる。現在は、白馬山案内人組合、北アルプス山岳ガイド協会に所属し、㈳日本山岳ガイド協会認定ガイド、環境省自然公園指導員、長野県自然保護レンジャー、北アルプス北部地区山岳遭難防止対策協会員として、登山、山の案内に従事するかたわら、白馬山麓にてペンションを営む。自分にも、他人にも、自然にも、決して無理をしない“息の長い山歩き”を心がけている。

現住所　長野県北安雲群白馬村みそら野
グローブ　イン　スカラ
☎0261-72-4325

中高年のやさしい山歩き

著　者　石田　弘行

発行者　田仲　豊徳

印刷・製本　暁印刷

発行所　株式会社　土屋書店
東京都渋谷区神宮前3-42-11
ローザビアンカビル
ＴＥＬ代表(03) 5775-4471

http://www.tuchiyago.co.jp